STEADY AND
SUSTAINED PROSPERITY:

行稳致远

中国新富人群的财富健康之道

The China
Rising Affluent's Path
Towards Financial Well-Being

吴飞 | 著

上海交通大学出版社
SHANGHAI JIAO TONG UNIVERSITY PRESS

内容提要

　　本书基于上海交通大学上海高级金融学院与美国嘉信理财（Charles Schwab）于2016年至2022年期间共同发布的"中国新富人群财富健康指数报告"调研结果，围绕金融生活中的各项主题，结合时事热点对报告中的重点发现进行解读，全面剖析中国新富人群财务健康状况，以金融学的视角进行深入浅出的探讨分析，并提出行之有效的改善建议。

图书在版编目（C I P）数据

　　行稳致远：中国新富人群的财富健康之道 / 吴飞著
. — 上海 ：上海交通大学出版社,2023.9
　　ISBN 978 - 7 - 313 - 29277 - 3

　　Ⅰ.①行… 　Ⅱ.①吴… 　Ⅲ.①国民财富－研究－中国
Ⅳ.①F124.7

　　中国国家版本馆 CIP 数据核字（2023）第 150985 号

行稳致远：中国新富人群的财富健康之道
XINGWENZHIYUAN：ZHONGGUO XINFURENQUN DE CAIFU JIANKANGZHIDAO

著　　　者：吴　飞
出版发行：上海交通大学出版社　　　　　　地　　址：上海市番禺路 951 号
邮政编码：200030　　　　　　　　　　　　电　　话：021 - 64071208
印　　刷：苏州市古得堡数码印刷有限公司　经　　销：全国新华书店
开　　本：710mm×1000mm　1/16　　　　印　　张：10.5
字　　数：164 千字
版　　次：2023 年 9 月第 1 版　　　　　　印　　次：2023 年 9 月第 1 次印刷
书　　号：ISBN 978 - 7 - 313 - 29277 - 3
定　　价：69.00 元

序 一

PREFACE 1

中国经济在过去四十多年中取得了举世瞩目的成绩。受益于改革开放政策的推动和市场经济的发展,中国普通居民的收入迅速增长,家庭财富积累日益增加。一个重要的社会经济群体在财富梦想和经济增长双重驱动下逐渐兴起了。这个社会群体一定程度上符合西方所谓"中产阶级"描述,我们将这个群体称为中国的"新富人群"。

新富人群是中国经济高质量增长的重要引擎,也是中国经济发展新时代中最具代表性的群体。他们促动着消费需求增长和经济繁荣,也推动着文化发展和社会进步。他们当下的财富管理决策不仅影响着自己的未来,也与中国及其将来的经济发展休戚相关。而与此同时,新富人群也面临着诸多挑战和压力,如财富管理、子女教育、社会竞争等,亟待进一步提升财务规划能力和适应社会变化的能力。新富人群是否具备相应的财富管理能力以达成个人和家庭的财务目标,实现其对美好生活的向往,是财富健康的重要组成部分。

在此背景下,上海交通大学上海高级金融学院与嘉信理财自 2016 年起携手开展中国新富人群财富健康指数调研,从财富信心、财务规划、资产管理、投资参与等多个维度进行了深层次的探讨,形成《中国新富人群财富健康指数》系列报告。调研中的"新富人群"是指年均税后收入在 12.5 万至 100 万之间的个人或家庭,实际上也是相对应的西方"中产阶级"群体。报告致力于追踪记录这部分人群的行为与变化,并在此基础上探索如何更好地把握中国金融改革的历史机遇,进一步助推新富人群的财富健康。截至目前,报告已经连续发布了七年,通过七年的观察,我们可以深刻感受到财富管理时代的脉搏强健有力地跳动,同时也能感受到中国财富管理市场的变迁与新富人群财富管理行为、观点的改变。

　　本书以财富健康为脉络，从近年来社会中广泛讨论的话题与事件入手，如各类政策文件出台、市场投资热点、新兴业态发展、投资产品"暴雷"事件等，结合新富人群财富健康指数七年来的调研框架与结果，力求用通俗易懂的语言，从金融学的角度挖掘现象背后的原理，帮助投资者了解金融市场的运作机制，学习风险管理与资产配置策略，做出更适宜的投资决策。

　　希望这本汇聚了七年时光的小书能为大家的家庭财富管理实践提供灵感和启发，帮助大家在财富之路上走得更加从容、自信。

序 二

PREFACE 2

　　自 2016 年以来,嘉信理财有幸与上海高级金融学院的吴飞教授合作,共同研究新富人群这一推动中国经济发展的重要群体。新富人群是中国 40 多年来经济蓬勃发展的重要缔造者,而时代也见证了这一中产消费群体不断崛起成为社会的中坚力量。在他们创造财富、走向富裕的同时,财务期望的不断提升带来了多样的财富需求和理财偏好,这些需求和关切对于塑造中国金融服务行业的发展形态起到重要作用。因此,了解这一群体的投资行为和态度,对于把握中国财富管理市场的脉搏至关重要。

　　今天,我们十分欣喜地看到七年来的洞察和思考汇聚成这样一份丰硕的成果。在本书所呈现的专栏文章中,吴飞教授与新富人群和新富家庭充分共情,设身处地感悟他们的生活,深入理解他们作为投资者和金融服务消费者、在不同人生阶段所面临的需求和痛点。这种时刻"从客户视角看待世界"(see through clients' eyes)的态度也正是嘉信理财创立的初衷和几十年来不断践行的核心服务理念。

　　吴飞教授的文章直面新富人群的内心深处,切中他们人生之路上的美好希冀和随之而来的困扰和挣扎。我们从字里行间读到了人们对财富成功和美好生活的渴望、对子女成才的期待、对家庭幸福的向往。但与此同时,中国的财富管理市场近年来呈现诸多变化:房地产市场逐渐降温、金融产品和服务供给多样、产品净值化等趋势使得投资复杂性日益提升。如何在快速发展成熟却日益复杂的经济环境和金融市场中找准方向、为美好人生之梦打下坚实财务基础,许多新富人群面临前所未有的挑战和踌躇。

　　尽管中国的经济金融体系和发展历史与美国不尽相同,但在一些关键阶段和转折点上却不谋而合。嘉信理财从创立之初便致力于为新富人群降低投资门槛、提升金融服务的可及性，让这群努力拼搏奋斗的人能够做自己财富的主人，通过财富管理为家庭创造更美好的生活。而我们几十年来的成功之路也正是倾听投资者心声、助力他们实现财务目标、陪伴他们共同成长之路。

如今，中国市场迎来了同样的历史机遇，有同样一群肩负梦想的新富人群期待金融服务机构倾听他们的诉求和梦想，推出能够支持他们财富管理之路的服务、体验和产品，陪伴他们不断走向财富健康。他们对美好生活日益增长的期望会为行业的未来发展指明方向，也为金融行业吹响了行动的号角。

感谢吴飞教授此次出版的作品集，为我们洞见新富人群人生和财富之路上的酸甜苦辣打开了一扇窗户。在此，我们由衷地祝贺吴飞教授，也对七年来的合作表示衷心感谢。期待未来我们能与吴飞教授和上海高级金融学院进一步深化合作，为中国新富人群的财富健康贡献绵薄之力。

嘉信理财国际市场董事总经理　　　　　　　　　嘉信理财（上海）总经理

目　录
CONTENTS

第一章
新富人群焦虑

随着改革开放的深入,市场经济的长足发展,中国社会出现了在一定程度上符合西方所谓中产阶级描述的人群,但由于国情的差异,我们只能类比西方的中产定义,在具体的标准上仍没有权威的定义,考虑到共同富裕的进程差异,我们将这群类似西方中产的群体称为中国的"新富人群"。

中产是英文中 middle class 的翻译词汇。在英文的语境中,中产阶级是对社会经济等级中通常介于工人阶级和上层阶级之间的个人和家庭的描述。在西方文化中,中产阶级的人往往比工人阶级拥有更高的大学学位比例,有更多的收入可供消费,并且可能拥有财产,通常被聘为专业人士、经理和公务员。

"中产"一词可能也具有一定的误导性,因为它暗示中产阶级的收入处于人口收入分配的中间值,但事实可能并非如此。中产阶级家庭倾向于拥有自己的房子(尽管有抵押贷款),拥有汽车(尽管有贷款或租赁),送孩子上大学(尽管有学生贷款或奖学金),为退休储蓄,并有足够的可支配储蓄来负担某些奢侈品,包括外出就餐和度假。

尽管标准、群体数量、构成有些差异,但中国的新富人群或多或少地面临西方中产阶级所面对过和正在面对的问题。其中很重要的一方面是中产焦虑。中产焦虑的驱动因素是复杂多样的,其根本是来源于安全感的缺失。"如果没有安全感,就没有中产阶级",康奈尔大学社会学家、《追逐美国梦》(*Chasing the American Dream*)一书的作者托马斯·赫施尔(Thomas Hirschl)说。

　　以美国为例：自 2000 年以来，经通货膨胀调整后的人均收入中位数基本持平，但典型的美国家庭的收入略低于 15 年前的典型家庭。虽然许多商品变得更便宜或更好，但中产阶级三大支出——住房、教育和医疗保健——的价格涨幅远远快于通货膨胀率。

　　这三类问题同样困扰着中国的"新富人群"，尤其是在经济结构转型、增速放缓的新常态面前。人们对于税收的变化、教育资源与价格、医疗资源不匹配而带来的不安全感，导致了新富人群焦虑加剧。

　　在《中国新富人群财富健康指数》报告中，我们持续地关注了这些部分，与此同时，我们根据调研结果和政策的变化对中产焦虑的系列问题做了相关探讨。

房产税收政策变化对新富人群的影响

房产税推出的可能性所带来的焦虑，将从全方位渗透到不同年龄段的新富人群。而且，房产税将更显著增加 35 岁以上新富人群的忧虑感，最终会增加整个中产群体的焦虑感。

2018 年全国两会《政府工作报告》中，明确提出了"稳妥推进房地产税立法"。加之其后外媒开始"披露"的房产税细则，都引起了不少人的担忧。而且这种担忧在中国的中产收入的新富人群中特别明显。

中国的新富人群有其自身的特点，这个群体是中国近 30 年飞速发展的经济中新兴崛起的一个阶层。他们通过房产和股市的大幅增值，以及人均收入的不断增长来扩张财富。通常来说，他们有着光鲜体面的工作、不菲的收入以及较好的社会地位。2019 年初，国家统计局局长宁吉喆表示，我国拥有全球规模最大、最具成长性的中等收入群体，根据国家统计局内部测算，2017 年该群体已经超过 4 亿人[①]。不难看出，新富人群是未来中国最为主要的消费群体，是中国经济未来以内需为驱动的增长模式的主要引擎。

在财富膨胀的过程中，焦虑也随之而来，范围之广甚至引发了全民讨论。通常而言，中产焦虑通常具有以下特征：在当前经济增速放缓、职业竞争加剧、生活压力增大、民生负担加重的背景下，中产人群对自身处境"有强烈的焦虑感"。焦虑主要来源于家庭、工作，财务方面则主要集中在资产的保值与增值上。因此房产税的开征，无论对资产的保值还是增值，都会加大中产们的焦虑，进而产生进一步的连锁反应。

具体分析，房产税的开征将从以下几个方面影响新富人群的财务状况。

房产税如期出台，可能出现的第一个结果是加剧中产人群保有房产的成本，焦虑会因为其投资偏好和收入结构产生的变化而持续增加。

---

① 国家发展和改革委员会，https://www.ndrc.gov.cn/fggz/jyysr/jysrsbxf/202109/t20210924_1297381_ext.html.

中产人群对于房产的依赖，体现在多个方面，可以从资产结构和收入组成两方面来分析。根据中国家庭金融调查（CHFS）和美国消费者金融调查（SCF）数据显示，中产人群家庭房产固定资产占总资产的比例达到 60% 以上，但与此同时，美国这一比例仅为 36%。这反映出中国的家庭资产的流动性较弱。这一方面和多数人对拥有房产的传统意识有关，但另一方面也说明了房地产占中产人群总资产的比例之高。一旦房产税开征，他们持有房地产的成本将直线上升。

另一方面，中产群体的收入组成中，房租收入也是很重要的组成部分，其占个人收入的比例较高。据测算，北京、上海等一线城市的租售比约为 2%。在一、二线城市，这些房产租赁收入足以维系一个普通家庭的单月基本支出。一旦房产税的税率高于 2%，这部分的收益将被抹去，造成房屋持有人收入的下降。

虽然税费也可能通过租金转嫁到承租方，但是房产税实施或许会进一步影响到市场对于未来房价的预期，促使房价下调。一旦造成房价的下降，意味着新富人群的资产也将缩水，这也将进一步加大新富人群的焦虑程度。而这个影响，或许远比租赁收入产生的影响要大得多。

但是房产税的实施造成房价的下降也并非绝对的，更多的还要结合当地的经济环境以及城市竞争力等问题作出具体的分析。学术界对历史数据的分析和他国经验可以为我们提供一些借鉴。

有中国研究者在 2015 年研究了中国房地产税试点对于房价走势的影响，发现房产税试点实施降低了重庆的房价增长率，却对上海房价没有显著影响。瑞典两位学者 2017 年采用瑞典 2008 年的房产税改革作为一个事件时点，研究了房产税下降对于房地产市场价格的冲击。改革使得税负从原来的 1% 降为 0.75%。基于瑞典全国范围内超过 10 万单房屋交易数据，作者发现房价并没有出现显著的变化，房价仅在一小部分承受高税负的高档社区有所上涨。

因此，房产税对于房价的影响，不同城市的情况各不相同。但是可以肯定的是，房产税或许并不会对房价造成大幅下调的压力，但至少会抑制房价高速增长的预期，并给拥有多套房产的家庭造成额外的负担，从而在某种程度上加大中国新富人群的焦虑感。

更为重要的一点,对于中国中产人群来说,房产往往被作为养老资产的一部分,甚至是较为主要的部分。房价下降的压力,将彻底打乱中产对于养老金储蓄的财务规划。

笔者与嘉信理财的调研数据显示,以退休为例,中国大陆的新富人群投资者希望积累超过 179 万美元(折合 1 110 万元人民币)以保障舒适的退休生活,然而中国现有养老金制度所能提供的保障远不及预期。房产自身的价值以及房产租赁收入是年龄偏大(如 35 岁以上)的中产人群达成养老目标的主要途径。因此,额外的房产税负担将无疑会降低这些群体对未来养老保障的期望,增加这个群体对未来不确定性而产生的焦虑。

所以,对于中产而言,房产税的征收,将从每月的现金流、资产的价值以及养老保障问题三方面产生影响,令他们对当下已有的财务规划产生焦虑。这恐怕是房产税对中国中产产生影响最主要的原因。

虽然房产税的压力对于房产拥有量相对低的部分中产群体而言也更少,但并不意味这个群体能有效地降低整个群体普遍的焦虑感。笔者的研究数据同时发现,25 岁以下的中产群体的房产拥有量明显要低。这个群体相对其他群体对自己未来财务状况普遍持消极态度,也许是因为高房价的压力,也许是对于中国未来经济状况的不乐观。他们表达生活压力时也有明确地提到国家政策不明朗、市场不明朗、房价和物价高、全球经济影响对生活的影响。

因此房产税推出所带来的焦虑,将从全方面渗透到不同年龄段的新富人群。而且,房产税将更显著增加 35 岁以上新富人群的忧虑感,最终会增加整个中产群体的焦虑感。

那是否有合理的办法可以分散这些焦虑?

事实上,房地产高速发展的时期已经结束,对于将家庭财富绝大部分都配置在房产的中国中产收入人群来说,房产也许因为新增的税负以及对房价造成的下行压力,正日益成为家庭焦虑的来源之一。中国的中产人群,应该考虑多元化的资产配置,并从专业机构获取对其及家庭未来的财务规划,帮助降低其资产配置的波动性,增加收入来源。这些科学的措施将从很大程度上抵消由于单个政策改变所带来的对于家庭财富不确定性所产生的焦虑。

新个税法如何影响"年轻"的新富人群

对于新富人群而言，可以做的是及时梳理境内外资产配置及投资架构的情况，谨慎分析商业安排和利润归属的合理性，以降低税收风险。因此，新富人士的税务筹划将需要借助更加专业的机构进行相应的调整。

从 2018 年 8 月 31 日关于个税法起征点和税率的修改，到同年 10 月 20 日个税法实施条例的征求意见稿，都显示着国家极力推进降低个人所得税税负的决心。修法的范围除基本减除费用标准外，还新增了多项专项附加扣除，扩大了低档税率级距，使得纳税人都能够不同程度地享受到减税的红利。

具体而言，除了将起征点提高至人民币 5 000 元/月之外，修法还引入了子女教育支出、继续教育支出、大病医疗支出、住房贷款利息、住房租金等专项附加扣除项目。那么，在这样大面积的减税政策下，什么样的群体将从中受益？国家政策的导向和目的究竟是什么？税改推出的背景值得我们思考。

税改背景下的新富人群焦虑

从起征点的金额和抵扣专项的范围不难看出来，中等收入群体，也就是中产人群在这次的税改中将是受益最大的群体。但这是否会对不同收入的新富人群产生不同影响呢？

虽然数量庞大，但中国新富人群的结构，相较于发达国家的结构，具有非常不一样的特征。

如果一个理想的社会财富的分配结构为"橄榄型"，中国则属于财富分配不均的"金字塔型"。按照推算，中产人群占中国人口比例仅为 20.1%，远低于发达国家如美国的 37.7% 和日本的 59.5%。按照十八大的规划，到 2020 年全面建成小康社会之后，我国中等收入群体规模将扩大到 2.7 亿人，加上其赡养的人口，中产人群数量将增加到近 4 亿。

虽然我国的中产在可预期的未来即将成为中国社会非常重要的一类群体，

但是我国的中产人群又是相对"年轻"的一个群体。随着中国的改革开放,中产群体随之出现。但是由于时间有限,多数中产并未经历过完整的经济周期,因此在投资决策上往往并不成熟,对于风险的把握并不全面。

中国的中产正在面临来自各方面的压力。巨大的生存压力也解释了近年来频频出现"焦虑的中国中产"现象。上海高级金融学院和嘉信理财共同发布的"2018年中国新富人群财富健康指数"报告(以下简称"报告")中,就指出年收入12.5万~100万元的新富人群对于赡养老人以及抚养子女的压力巨大,这两种压力成为新富人群进行投资理财的主要动力。而对于这些必要支出还要收税,更是加剧了中产的焦虑程度。

但是此次税改的核心考虑因素,正是教育、养老这些造成中产焦虑的主要支出。

具体而言,征求意见稿规定,纳税人的子女接受学前教育和学历教育的相关支出,也可以按照每年24 000元的标准定额进行扣除。纳税人赡养60岁(含)以上父母以及其他法定赡养人的赡养支出,也可以按照每年12 000元(每月1 000元)/每位老人的标准定额扣除。另外,可以税前扣除的项目还包括大病医疗专项、住房贷款利息、住房租金等项目。减税项目多是中产人群真正的压力所在。

此次个税大改革的背后,是中产人群长期的被"忽视"。此次税改是1980年实施个税以来,改革幅度最大的一次。过去的38年时间内,政策对于"上有老、下有小"的中产人群并没有政策上的倾斜。而此次减税的政策,反映出国家对于培育中国政治经济社会中重要的群体的意愿,说明国家对于这个新兴和重要的中产人群逐渐重视。

税改的目的,也与宏观经济密不可分。总体而言,我国经济增长一直以来以出口驱动和投资驱动为主,国内消费(内需)对经济增长贡献相对较少。当投资的边际效应减弱,国际市场需求(外需)乏力,我国经济增长的可持续性必须转入以国内消费需求为主导的内生型增长模式。因此,此次税改的目的之一,也是希望减轻中产人群的税收负担,并在一定程度上促进消费,有助于市场活力的恢复,帮助经济增长动力逐步向消费驱动型的模式进行转变。

高净值人士应更新税务方案

但是此次税改真的会让社会各阶层均成功减税吗？国家对于减税带来的财政收入下降又有何考虑呢？又会通过什么方式弥补税收的不足？

其实新的税制对于中低收入的中产而言是减负的，但对于中产中高收入人群而言，答案可能是相反的。

2017 年个税税收收入占总税收收入的 8.5%，而此次个税改革也并不会使整体个税税收收入下降，只是让中等收入人群减税。可能的缺口部分会通过加大对高净值人群的股权转让、资本所得等收入的征税力度来弥补。

新个税法中的一项条例也佐证了这一说法，那就是新个税法中新增了针对高净值人群的反避税规定。参照企业所得税法有关反避税规定，征求意见稿首度将反避税条款引入个人所得税法，即在以下情形时，税务机关有权按照合理方法进行纳税调整，补征税款并加收利息：居民个人控制的，或者居民个人和居民企业共同控制的设立在实际税负明显偏低的国家的企业，无合理经营需要，对应当归属于居民个人的利润不作分配或者减少分配；个人实施其他不具有合理商业目的的安排而获取不当税收利益。

简而言之，新个税法案提出了对于高净值人群，执法机关有权以反避税的条例进行征税。

同期另一则消息也值得留意。2018 年 10 月 16 日，经合组织（OECD）完成了对超过 100 个投资移民项目的评估，并将其中 21 个国家（和地区）的 36 个投资移民项目认定为对"共同申报准则"（CRS）构成严重风险的项目。这些被点名的岛国包括了塞浦路斯、多米尼加、毛里求斯、圣基茨、巴巴多斯等，近些年中国国内一些高净值人群趋之若鹜的移民天堂岛国。

"共同申报准则"（CRS）目的是推动不同地区之间税务信息自动交换。举个简单例子，一个内地居民去新加坡的银行开户，存了一笔钱，而且很可观，那么新加坡的银行就有义务将其存款信息披露给新加坡的税务机构，最后交换回到中国国家税务总局。同样新加坡人在内地金融机构的账户信息也会被自动交换回去新加坡税务机关，这就是信息交换。

国内实施反避税原则，国际间与其他国家进行交换税务信息，不难发现，国家税务机关正在对高净值人群之前通过各种方式进行避税的做法予以修正。

因此，虽然个税的起征点以及税率有所下降，但是针对高净值人群，更多的收入将被纳入征税范围。而这将直接影响高净值人群的税基。新税法一旦正式实施，一些高净值人士经常选择的纳税方案可能面临调整。

这对于目前高净值人群所做的税务筹划可能是"地震式"的变革。过去，高净值人群可以在海外设立境外子公司，且在合理的原因下可以不将利润分配回境内，从而实现避税的目的。但是按照新个税法的要求，这样做或许就违反了反避税原则，国内税务机关将有权对该交易实施核查。过去的方法可能不再奏效。

目前，对于高净值人群而言，可以做的是及时梳理境内外资产配置及投资架构的情况，谨慎分析商业安排和利润归属的合理性，以降低税收风险。因此，高净值人士的税务筹划将需要借助更加专业的机构进行相应的调整。

为什么家长舍得在教育上花钱

所有人都有损失厌恶的情绪，没有人愿意从中产收入群体降到普通收入群体，而教育投入就是避免阶层下降的一种主要方式。但未来用来获取价值回报、维持阶层的方式会越来越多。

如果您是家长，那 2018 年 4 月上映的印度电影《起跑线》一定或多或少地映射了孩子求学路上遇到的种种坎坷。反观我们所处的现实社会，通过省吃俭用为孩子报辅导班、学习特长几乎成为父母们的"标配"。而买学区房、上私立学校、出国留学等"重金"活动则成为中产家长们的共同追求。

每到 5 月，就会迎来"幼升小""小升初"的高潮，"赢在起跑线"就会如约成为一个紧箍咒，提醒着中国的父母们"别让孩子输在起跑线"。这一焦虑在中产群体中的体现尤为明显。

具体来看，对子女成年前的教育投资以及成年后的资金支持成为中产人群主要的日常支出，其中，以对成年前的教育支出尤为突出。笔者此前与嘉信理财展开过一项针对中国新富人群的调查。我们以年收入 12.5 万至 100 万之间的个人或家庭为样本，调查了他们的支出占比。数据显示，在 35 岁至 44 岁的新富人群中，60%将子女教育作为首要支出（投资）目标；在 45 岁以上的人群中，40%将资助子女买房或创业作为重要支出（投资）目标。对子女的支出，特别是与教育相关的支出，可以说是中产人群主要的支出之一。

在笔者看来，国内的中产之所以愿意耗费巨资投入子女的教育事业，主要受焦虑情绪驱动。这种焦虑来源于众多因素的作用，本书并不试图追究中产人群的子女教育焦虑背后的制度、机制和文化根源，也不讨论焦虑的影响以及由此形成的社会问题，而是希望从金融学的角度，帮助大家理解焦虑形成背后的原因。

如果要说清子女教育过度投入的原因，很多人的第一反应是：为了养儿防老。在传统思维中，养儿防老是个顺理成章的概念，但它本质上其实是个金融问题。

金融学的核心是跨时间、跨空间的价值交换，所有涉及价值或者收入在不同时间和空间之间进行配置的交易都是金融交易。耶鲁大学陈志武教授认为，如果用金融概念做解释，养儿防老的本质就是一项金融交易。

从古至今，人们知道如果要实现生命的长久延续，仅凭一人之力是不够的。天灾人祸、生老病死，随时都有可能成为生存的障碍。所以进行跨时间、跨空间的利益交换显得必不可少。

原始社会时期，这种利益交换存在于人与人之间。当时人们靠打猎野生动物、采掘野生果菜养活自己。在那种生产方式下，如果不在部落之内共享猎摘成果，女性或者没有摘到果实的人很快会饿死。

在农业社会，利益交换则存在于家庭、家族这些血缘体系内。养子防老的本质是跨时间的价值交换。在这种情况下，子女便成为人格化了的保险品、信贷品和养老投资品。

在中国，这一观念延续到了现在。教育成为非人格化的方式，家长通过教育下一代，从而为自己的未来投资，进行跨时间的价值交换。

除了养儿防老的传统之外，就行为金融学角度来说，中产之所以对子女的教育投入如此之多并产生焦虑，更主要是源于对未来的不确定情形的恐惧，即我们所说的模糊厌恶（ambiguity aversion）。

在中产们看来，得到的金钱、社会地位随时可能会失去，而对于未来的不确定性是所有人都厌恶和恐惧的。对下一代进行不断投入，成功营造了一种对子女有所付出并有回报可以期待的错觉，从而减少未来的不确定性。

这个观点的背后，存在着这样一个行为金融理念：人类在伴随风险的不确定性中下注的话，通常倾向于下注已知的不确定类型，而不是未知类型。

比如，盒子里有 100 个球，如果已知当中有 50 个是红色的，你可能愿意参与赌随机摸出的球为红色的游戏。但如果盒子里究竟有没有红色都是未知数，那么愿意为之下红注的可能性则会小得多。

对于教育的投入也是一样的道理。虽然有各种方式可以达到保住现有社会地位的目的，但是从中国历史经验来看，教育投资在改变或保全社会地位方面具有相对确定性。家长会对下注子女教育趋之若鹜，这背后都可以用金融学的理念来解释。

此外，中产人群的"损失厌恶"（loss aversion）心理也是造成焦虑的部分原因。

行为经济学认为，人类都是通过观察身边的变化来体验生活的。大多数人都会把自己的注意力放到效用（或幸福感）的变化，而非最终效用（或幸福感）数量或等级。举个例子，公司里两位员工晒年终奖，一个人获得5万元，一人获得1万元，第一个一定比第二个更幸福吗？如果第一个人年初预计今年的奖金是10万元，而第二个压根没想到能获得奖金。很明显第二个人感觉更幸福，虽然他的奖金更少。基准点（或期望值）的设定会直接影响最终的心理效果以及作出的选择。

这个理论可以帮助解释为什么面对下一代教育的问题，中产人群受到的困惑和压力往往更大。很多人通过自身的努力跻身中产收入群体，自然他们的底线（基准点）就是保住现有的社会地位，并向更高的顶层群体看齐。因此，大部分中产事实上是以顶层家庭作为基准点的。而加强教育投入就是保全现有地位并向顶层家庭看齐的表现之一。相对而言，顶层的家庭由于没有绝对更高的基准点可以设立，因此焦虑的程度会有所缓和。而底层的家庭则无法耗费太多成本，生存的压力迫使他们没有精力以及资源设立等同于中产人群的基准线。由此，中产成为在教育问题上最为焦虑的一个群体。

另外，人们渴望消除潜在的损失，因为损失造成的痛苦大于等量的收益带来的快乐。简单说，一定量的损失造成的伤害是等量收益所带来的快乐的两倍。在面临风险决策中，为了规避损失，大多数人宁愿承担失去更多的风险。

这个理论如果套用到我们的话题，就意味着从普通收入群体升到中产收入群体，你的幸福感增加了，但这个幅度只是从中产降到普通收入群体的痛苦感的一半。所有人都有损失厌恶的情绪，没有人愿意从中产收入群体降到普通收入群体，而教育投入就是避免阶层下降的一种主要方式。虽然从成果而言，教育投入巨大并且产出的效果具有极高的不确定性，但是大家都愿意承担这个风险。深层次的根本原因，就是为了来防范阶层下降带来的痛苦。

综上所述，无论是养儿防老还是损失厌恶，中产都或多或少地将教育"金融化"了。事实上，随着金融市场的日益开放和成熟，用来获取价值回报、维持阶层的方式越来越多。笔者以为，一份合理、完善、严谨的财务规划和多元化的投资计划，可以在很大程度上保护中产们已有的利益，从而让孩子从"过度教育"中解放出来，回归真正的素质教育，也让家庭的功能重点定义在情感交流、精神世界上。希望类似印度电影《起跑线》那样的闹剧，不要在我国的中产身上发生。

教育政策制定关注的是教育平等还是教育公平

教育，一直是中产家庭关注的重点。通过政策真的可以实现教育公平吗？教育平等和教育公平有什么不同？

教育，一直是中产家庭关注的重点。中国中产的焦虑中很大一块来自对于子女的教育问题的担忧。根据上海高级金融学院和嘉信理财联合发布的《2019年中国新富人群财富健康指数》报告显示，子女教育是新富人群的重要财务目标，尤其在一、二线城市，子女教育更被他们列为首要的财务目标。

这解释了民办教育发展迅速的基本原因：父母花钱意愿强烈，只要能提供满足需求的教育服务。因此，不难理解为什么上海的家长们都十分关注首次执行的民办学校摇号政策。

政策制定者提出公民同招、摇号入学的方案，显然是希望促进教育公平，给更多原本无法享受优质教育资源的人以获得优秀教育资源的机会。摇号入学政策可能达到教育资源对大众的平等，但这种政策真的可以实现教育公平吗？教育平等和教育公平有什么不同？

"教育平等"VS"教育公平"

教育平等（educational equality）和教育公平（educational equity）看起来非常相似，实际有许多不同。

平等，关注大家资源和机会是否一样，而不关注合理还是不合理，本质上是给予每个人一样的东西，而不关注每个人自身条件和需求差异。就教育而言，就是提供一样的受教育机会和一样的教育资源，是否达到教育目标并不在考虑范围。

公平，关注的是价值判断，也就是过程和结果是否具有合理性。具体而言，假设教育的目标是培养合格公民，关注的是提供给不同个体实现相同的目标所需要的差异化、个性化的资源，是否能达到培养合格公民的目的。

有一个图片很好地说明了两者的区别。

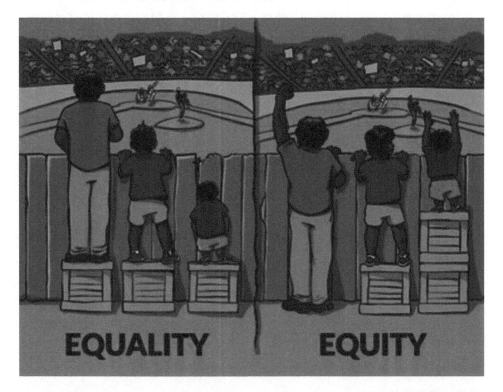

EQUALITY　　　　**EQUITY**

　　在图片的两边,三个人的目标是看棒球比赛。如果提供相等的资源,则可能无法实现目标。但是,当使资源公平并根据个人需求进行调整时,每个人都可以成功观看比赛。

　　所以,我们要解决的到底是教育平等还是教育公平呢?两者对于教育的社会影响而言都很重要,想要实现都很困难,但相比之下,也许公平的任务更加艰巨。美国学者罗尔斯的"两个正义原则",在教育领域表述为"平等自由的教育公平原则"和"差异的教育公平原则"。前者接近我们提及的教育平等,后者接近我们提及的教育公平。如果说平等还可以通过相同的机会和资源来衡量的话,公平的评价更加模糊和长期。

　　教育公平要求认识到,不同的学生需要不同的资源来实现与同龄人相同的目标。例如:残疾学生在学校与没有残疾的同龄人需要不同的身体支持;说汉语以外的其他语言的少数族裔学生与说汉语的人需要不同的语言支持。没有哪个孩子比另一个孩子更好或更糟,他们只是有不同的需求。每个孩子都会带给学校独特的需求、才能和资源，促使教师以不同的方式对每个学生做出反应。

这非常难，至少到目前为止，世界上没有任何一个国家和地区可以自信地宣布他们已经实现了教育的公平。大家都在教育公平的路上探索、试错和改进。

教育公平的特殊性

教育公平为什么如此特殊？

教育本身是一种通过向个人传递社会经验和知识，使其个体社会化进而使社会文明得以延续和发展的一种社会活动。所以，教育不仅跟个人成长相关，还关系到科技、文化、医学乃至社会福祉，具有很强的公益性。由于这个认识，公共教育普遍被认为是一项公共物品，应该由政府主导，由公共财政为教育费用提供支持。

但教育又有其私利性。20 世纪 60 年代，舒尔茨（T.W.Schultz）提出了人力资本论。人力资本是相对于物质资本而言的，体现在人身上的可以被用来提供未来收入的资本。人力资本通过对人力的投资而形成，其途径包括：投资于教育、投资于保健、投资于劳动力国内流动、投资于移民入境。其中，对教育的投资是最重要的途径。

既然有教育投资，也就有对于投资效益的评估。明瑟（Mincer）于 20 世纪 70 年代提出的"教育收益函数"一直是西方学者广为应用的估算教育个人收益率的工具。根据这一模型计算出来的教育个人收益率为收入与教育之间存在正向关系的观点提供了实证依据。国内学者也通过采集改革开放之后教育增长和收入增长的数据验证了教育与收入的正相关关系。

收入与教育正相关，为了追求更高的收入，必然追逐更好的教育资源。从经济学角度分析，教育是一种稀缺资源，市场经济状况差异以及区域差异的存在会引起稀缺资源在不同主体和不同区域之间的配置不均，从而影响教育公平。

现实确实如此，市场导向的教育具有很明显的利弊。一方面，它可以缓解国家教育投入的巨大负担，增强教育制度的灵活性、多样性、自主性，扩大选择权，满足不同消费者的不同需求，提高学校办学的绩效责任意识和效率，在竞争中提高教育水平、培育更好的教育市场。例如上海的民办教育,确实起到了激活竞争、提高办学水平的效果。

但另一方面,市场导向也带来了一些弊端,导致某种程度的社会分化,并有可能将那些因社会和地理位置原因被边缘化的群体排除在竞争和择校的新机制之外。公共教育资源的流失、区域间教育发展的梯度拉大、学费不断推高等现象也确实在上海民办教育蓬勃发展的过程中屡见不鲜。

市场逐利,但由于教育的公益性和重要性,政府并不会也不能完全放任市场去调配资源,在必要时需要通过有形手干预市场,重新配置资源,于是有了上海民办学校摇号的结果。

政策制定者角度下教育公平的考虑

教育公平在全世界范围内仍是一个正在探索、试错和改进的话题。教育机构、家长的不同角度对于教育公平的理解肯定不一样。但是,市场的裁判员——政策制定者——对于这个问题的考量角度非常重要,一般来说应该遵循两个原则。

首先,对于不同群体、不同类型教育,政策制定者对于教育公平的定义必须要有目的导向。鉴于教育的多样化目标——为就业市场培养人才、培养合格公民、增加教育体验等,只用一个原则来分配教育资源是否合理?例如,支持职业准备的分配政策可能与支持其他目标(如培养合格公民)的分配政策有很大不同。由于劳动力市场是一个竞争激烈的领域,因此对劳动力市场而言成功的教育似乎是一种商品,其价值取决于其相对地位。即,以就业为目的的教育质量在很大程度上取决于对手在这个领域的教育水平如何,因为我们将在竞争同一份工作。相反,培养合格公民的教育可以看作是一种非定位性的商品,不受他人在这一领域的成功的损害,这不是一个竞争领域。

其次,无论出于哪种目的,教育公平的原则显然不能是单一的,而最基础的要求就是教育机会平等。

所谓教育机会,是指那些旨在使个人获得知识和某些技能并培养某些能力的机会。所谓机会平等,不是指没有任何障碍,而是所有人面临的相同且适当的障碍,例如相同的入学考试。不管我们关心教育机会的理由是什么,受教育的目标是什么，都不应有不可逾越的、无关紧要的障碍。

由于争议太多，目前包括我国在内的大部分国家都采取了由国家公共部门解决形式上的教育机会平等问题，即通过立法和义务教育。而实质的平等则因为过于复杂和差异化而无法一概而论。在这个意义上，民办教育在一定程度上满足了实质公平的部分需求，用市场的无形手来调配资源，解决超出公共部门服务能力的个性化需求。

政策制定者如何确保教育公平

在确保教育目的清晰和教育机会平等的基础上，政策制定者需要考虑如何通过更好的资源配置满足教育需求的多样性，以促进教育公平。美国是全球公认教育体系较发达、教育水平较高、教育资源配置较合理的国家。我们先回顾一下美国在教育公平问题上的实践。

在美国，联邦政府不直接负责全国任何级别的教育。教育部将联邦资金分配给各州以及各个学校和机构，通过公民权利办公室（OCR）在全国教育部门中实施联邦民权法，确保教育机构"不因种族、肤色、国籍、性别、残疾或年龄而受到歧视"。同时，美国通过庞大的"联邦学生援助计划"向全国各地寻求高等教育的学生提供低息贷款和助学金。

州教育部门通常在州内执行所有与教育相关的政策。地方一级的初等和中等（K-12）教育由学区提供。美国有近 14 000 个学区，在其辖区内运营所有公立学校，保证所有学生到十二年级都免费接受公共教育。K-12 系统中的大多数学生在公立学校学习，约 10% 的学生进入私立学校或者专门研究某个领域的公立学校就读。全国有超过 34 000 家私立学校满足相对个性化的教育需求。

美国为保障公立教育投入了大量的资源。2015 年，美国的政府教育支出是 10 240 亿美元，在 GDP 中的占比达 6.32%，公立学校教师的平均薪酬 5 万美元也高于私立学校的 3.6 万美元。

相对应的，我国 2015 年教育经费在 GDP 中的占比是 4.26%。不可否认，我国在教育平等和教育改善方面取得了巨大成绩，但相比美国和欧洲发达国家仍有进步的空间。

于我国而言,从政策制定者层面首先考虑的是通过立法和制度确保受教育机会的平等。进而做好政务数据公开透明,保持监督和反馈通道畅通,杜绝因为信息壁垒导致的特权和腐败。只有立法保障并且信息公开透明、反馈便捷,才可以杜绝类似于网络热议的山东考生被顶替上大学事件的发生。

在立法和监督的基础上,通过公共资源整体优质化来提升教育公平。公共部门在教育方面应增加公共教育的软硬件投入,普遍提高教学水平和管理能力。同时,应该增加公立教育中的特色教育。在美国会有一些磁石学校(magnet schools),通过特色课程在许多方面为一些优秀的学生提供服务和支持,例如STEM科目、美术和表演艺术、世界语言等。这可以增加区域教育选择的能力,并为少数民族和低收入学生提供更好的教育机会。而另一边,对民办教育也应该适度允许其特色化、差异化和市场化。在不影响受教育机会平等的前提下,允许家庭自主选择教育培养的方向。对私立教育的方向进行监管,而在框架内给予鼓励和支持。

正如前面的漫画所示,公立教育提供同样的一把垫脚椅子,让市场成为按需要配置椅子的动力,辅以政策的监管,才有可能让更多的小孩越过高墙看到比赛。

第二章
投资者行为

　　新富人群可能是需要自己与投资理财打交道最多、要求最高的人群。低收入者也许为温饱努力无财可理，超高净值人群则更容易有专业团队来打理资产，从这个意义上，我们观察现实中参与投资理财的行为，新富人群应该更加具有代表性。

　　通过对新富人群的投资行为的观察，我们不难发现许多被我们日常忽略的有趣现象，在投资中常常因为各种偏差导致无法获得良好的收益，有一些可以通过行为金融学的理论来解释。例如投资者的性别对于投资理财收益有没有影响，为什么P2P已经反复出问题还是有投资者踩雷，又例如怎么连社交媒体的浏览习惯也可能影响到我们的投资。这一章，我们聊一聊这些话题。

男女性在理财方面有什么不同的特征

由于生理和心理特征、成长的环境等原因,男女性在消费和理财方面都有不同的关注点以及特性。总体而言,女性的风险意识更强,因而投资决策也相对更为保守,但是这并不会影响投资收益。

不可否认,在中国社会,"男主外、女主内"的传统观念正在逐渐被打破,女性无论是在家庭、工作生活中,都充当了更为重要的角色。但是,男性在理财决策中占主导地位的现象却普遍存在。这是否意味着,男性在财务和投资决策过程中要比女性更有优势? 男性与女性到底有哪些投资理念的差异?

一份由上海高级金融学院和嘉信理财共同发布的"2018 年中国新富人群财富健康指数"报告(以下简称"报告")或许可以给出答案。该报告共调研了超过 2 600 名年收入在 12.5 万~100 万元的不同性别的新富人群,覆盖北京、上海、广州、成都、杭州、大连、厦门、重庆及武汉九大城市。报告研究发现,男性在财务和投资决策过程中并不比女性更有优势,二者在理财认知、所关注的主要问题以及对未来不确定性的焦虑程度等几方面存在差异。此外,不同性别投资者在理财决策方面也存在不一样的侧重点。

报告发现之一是,相较于男性,女性对于风险的意识更强。在风险考虑方面,女性得分相较男性更高。另外在个人投资风格方面,保守型投资风格中,女性也占了绝大部分。不难看出,女性比男性的风险偏好更低。这一结论也直接导致男性和女性在财务决策中往往会采用不同的策略。

但这些策略对于最终的业绩表现却并没有显著的影响。一项基于性别差异视角下证券投资行为的研究报告分析发现,男女投资者的总收益并没有显著的差异。这一结果说明男女的投资能力相当,没有优劣之分;而二者的投资风格是有差异的,具有互补性。在美国,一项针对散户投资者的研究发现,男性(特别是单身男性)的股票交易比女性更加频繁,而频繁的交易带来的影响是更高的交易费用,或许也将导致更差的投资业绩。

此外，研究发现女性对于金钱的需求实际上并没有男性来得高。数据显示，当提及达到经济舒适水平所需的流动资产时，男性所需的金额为 243.38 万元，而女性则仅需 186.11 万元；当问及达到富裕水平所需要的流动资产时，男性需要 767.9 万元，而女性仅需 616.55 万元。这一调查结果改变了女性需要更高的储蓄来满足安全感的固有印象。

这一调查结果也可以进一步被诠释为女性逐渐提高的自信心以及安全感。女性的自信心以及安全感来源于更多角色的胜任。过去，女性的生活重心更偏向家庭。但是随着女性越来越多地参与到企业的管理之中，女性的独立意识正在觉醒，工作成为女性生命中另一个重要的角色。事实上，女性由于自身的特质，在工作中的表现也不输男性。一项针对中国上市公司董事会中高管的性别差异化程度对公司绩效影响的研究发现，上市公司董事会中女性高管的增加有利于提高公司绩效，女性担任 CEO 的公司较男性担任 CEO 的公司有更好的业绩表现。女性高管平均年龄较大的董事会团队更有助于提升市场的信心，从而增加公司的市场价值。

另外报告还发现，女性完成所有财务目标的总时间会略长于男性，对于财务目标的焦虑度也略高于男性。数据显示，男性认为完成财务目标的总时长约为 14.28 年，而女性则为 15.41 年。对于财务的焦虑可能反映了女性的生理和心理上与男性的差异。临床心理医学研究发现，女性比男性更有可能患焦虑障碍，这可能源于女性更容易扩散恐惧情绪。心理学研究同时发现，如果两个人讨论负性事件，女性相对于男性更加容易关注消极的情绪。也就是说，女性要比男性更关注未来财富的不确定性，因而更容易产生焦虑。同时也说明，女性要比男性更需要长期的财务规划以帮助减缓对未来的不确定性的担忧。

或许正是因为自身的焦虑，女性在对于财务规划这一问题的态度上比男性表现得更为开放以及尊重专业。

过去，理财这件事对于大多数新富人群而言，是自行解决的问题。但是随着 2018 年资管新规的落地，刚性兑付的打破成为大势所趋。这些改变都让理财投资变得越来越复杂和困难。尽管专业金融理财顾问的出现，可以提升收入的稳定性以及降低本金损失的风险，但是并不是所有人在制定财务规划时，都会咨询专业人士的意见。在这一方面，女性相较男性更加开放以及尊重专业意见。报告的数据显示,针对财务规划的认知问卷中,女性的得分数略高于男性。

与此同时,报告数据同样显示,女性比男性更信赖专业的理财金融顾问以及理财公司。报告中一项针对新富人群使用过的金融服务调查中发现,女性使用过专业金融理财顾问的比例远高于男性。另外在专业理财顾问的帮助作用方面,女性也比男性有更高的认可度。换而言之,女性与男性相比,更愿意听从专业金融机构的意见。

由于生理和心理特征、成长的环境等原因,男女性在消费和理财方面都有不同的关注点以及特性。总体而言,女性的风险意识更强,因而投资决策也相对更为保守,但是这并不会影响投资收益。同时,女性因逐渐承担了更多的责任以及角色,其安全感和自信有所提高,对金钱的需求程度低于男性。另外,女性对专业理财顾问的开放度以及接受度也略高于男性。

女性管钱，家庭投资收益会更高吗

家庭理财已经成为中国中产家庭的普遍需求。关于一个家庭理财的决策有一个有趣的问题：应该由谁来负责理财的决策，男性或女性？本文将探讨在家庭投资理财的实践中男性与女性的收益是否有差别以及为什么会出现这些差异。

如果在投资理财行为中男女有别，可能大家最直观的感觉是女性在决策中会更稳健和保守。这种现象很可能是受到女性风险偏好的影响。上海高级金融学院和嘉信理财在 2022 年发布的《中国新富人群财富健康指数报告》（以下称为《报告》）中也关注到这个现象，在家庭投资理财中男性采取激进策略的占比为 19.5%，女性仅 13.6%。早在 2015 年，贝莱德的一项调查就显示，女性投资者平均将 68% 的投资组合配置为现金和现金等价物，如货币基金、国库券和存款。相比之下，男性的投资组合中现金及其等价物的配置比例为 59%。

要确保财富增长和养老资金充足，家庭投资组合中的很大一部分需要获得超过通货膨胀的收益。具体说，虽然股票、基金的风险比债券和现金更高，但从历史上看回报率也更高。大多数研究表明，尽管股票具有增长潜力，但女性在家庭投资理财中相对男性而言，倾向于回避股票，持有更多现金。根据 US Trust 的数据，65% 的女性拥有很大比例的现金资产，而男性的这一比例为51%；41%的女性没有计划投资这些现金，而男性的这一比例为 31%。

关于组合的配置只是反映了男女之间的偏好，但是男性或女性，谁是更好的投资者，这个问题的答案就不那么直观了。如果从收益的角度看结果甚至有点令人惊讶，大量的研究结果发现，其实女性的投资收益相对男性更高。这个问题的研究可以追溯到 1990 年代初期，加州大学伯克利分校基于 35 000 个经纪账户在 6 年内的一项研究发现，女性产生的回报平均比男性高 1%。另一项横跨 2016 年 1 月至 2020 年 12 月的研究显示，女性主导的账户在 5 年期间获得了高于男性主导的账户的绝对回报。

另外,专业的女性投资者也往往比男性做得更好。采用基金经理的样本,高盛的数据显示,2020年,女性管理的共同基金中有43%的表现优于基准,而男性管理的共同基金中这一比例仅为41%。富达的报告称,在2021年,女性投资组合的表现比男性高40个基点,即0.4%。这第一眼看上去似乎不是一个很大的差距,但随着时间的推移当复利体现出它的威力后,这个数字的影响是巨大的。

就投资而言,女性相比于男性的优势可能来自几方面:第一方面的优势可能是在应对波动市场方面,女性没有男性那么容易冲动,纪律性也更强。Vanguard基金公司根据270万投资者在2008—2009年股市暴跌期间的行为追踪,发现女性在市场底部卖出的可能性比男性低10%。在交易频率上,机器人投资顾问Betterment发现,女性改变投资组合中资产配置的频率比男性低20%。Vanguard基金发现,女性的交易频率比男性低40%。根据加州大学研究,在1991年2月至1997年1月期间,男性的交易量比女性高45%。所有这些额外的交易使男性的净回报每年减少2.65%,而女性则为1.72%。

第二个优势是女性对于理财规划的兴趣更大,更耐心也更愿意进行长期投资。例如从储蓄的角度,渣打银行的调研显示83%的女性每个月储蓄20%的收入,而男性很难坚持这一点。女性更愿意制定财务计划、遵守该计划以及与顾问合作也是她们可以获得较好的投资结果的因素之一。在上海高级金融学院和嘉信理财的《报告》中,当被问及教育政策调整对家庭理财规划的影响时,男性大多表示要将原本用于教育的钱投向其他领域用于其他用途,而女性则仍会坚持为子女教育进行财务规划和财富管理,专款专用,以确保未来有能力承担相应开支。这也说明女性比男性显得更加重视并坚持长期的财务规划。

既然女性在投资理财方面有这些优势,那么为什么这些优势并不被大家所注意呢?为什么大家不会理所当然地认为女性应该站到前台,主导家庭理财的决策?

原因也许有几点:

首先,女性并没有意识到自己的优势。她们也许对投资并不如男性自信,错误地认为自己不是好的投资者,对自己的投资能力缺乏信心。Merrill Lynch和Age Wave的一项研究发现,只有52%的女性表示她们对管理自己的投资充满信心，而男性的这一比例为 68%。富达研究报告称，只有 9% 的女性认为自己是比男性更好的投资者。只有三分之一的受访女性将自己视为投资者，这意味着只有 33% 的女性对自己做出投资决策的能力充满信心。这些"自信"可能也反映在以上提到男女之间的交易频率的行为差异。女性的自我认知差异也许来自传统社会分工和教育的影响，女性在传统教育中很少有谈论金钱的习惯，也很少被鼓励赚钱、参与投资和家庭的财富管理。

其次，客观上，女性参与投资理财的实践少。相较于男性，女性仍是投资理财的少数，尤其是权益类的投资。女性虽然更善于储蓄存钱，但从收入而言，女性整体相对男性仍然较低，在维持生活基本开支之外的可支配投资金额上也少于男性。但是海外的研究发现，随着年龄的增加，女性对于投资能力的信心也在持续提高，这可以理解为长期的投资实践很好地强化了女性的投资信心。因此，增加投资实践对于女性的金融教育而言更加有意义。

从以上的这些数据中，我们不难看到性别不是投资的桎梏，通过金融教育和实践，鼓励更多的女性参与到家庭投资理财中，与传统的男性主导模式互补互助，也许能提高家庭财富管理的稳定性和长期收益。

"资产荒"出现的时候，我们能看到潜在投资机会吗

资产荒言论甚嚣的时候，投资者是否想过，除了宏观政策、资管新规等带来的客观影响，或许还有自身原因，导致你对优秀的资产视而不见？

新富人群当中经常出现手握充裕资金，却不知投向何处的现象。特别是当股市起伏波动不断，却不知是牛市启动还是短暂躁动的焦虑感，伴随着城投债、可转债等过往少有人问津的品种一跃成为机构"座上宾"，"资产荒"的叫嚣言论悄然盛行。

从供需关系来讲，资产荒就是资产供不应求。但很多时候，资产荒的本质并非缺资产，而是缺乏收益与风险相匹配的资产。产生这一结果的宏观因素有很多，包括货币政策宽松、实体产业去杠杆等。但是从需求端而言，对于投资者影响最大的要数 2018 年 4 月颁布的资管新规。新规"革命性"地打破了刚性兑付这一点，无形中加大了投资的风险，让很多人都无所适从。过去的收益不稳定变成了连本金或许都保不住，这让不少中产瞬间觉得没有可靠的资产可以投资，资产荒的言论瞬间满天飞。

但事实上，除了资管新规带来的客观影响，或许还有个人原因，导致了我们对优秀的资产视而不见？回答以下三个问题，或许可以帮助大家看清这些问题。

问题一：你经常坐同一个座位吗？

我在上课时不给学生排固定的位置，但如果学生第一次选择了任意一个位子，随后的几次上课都不会轻易改变已选定的座位，除非该座位已经被别人占据。

这种习惯，还体现在生活的方方面面。衣柜里的衣服已经好多年都没穿过了，依然不舍得扔掉；通往上班的路这么多，天天都走同一条路；明明公司或者行业已经没有前途，却依然不愿意离开。这背后，都是"现状偏见"在作祟。"现状偏见"指的是行为人在面临决策或选择时倾向保持已有选择的行为。人们一

且养成某种习惯，很难轻易变化。选座、穿衣服如此，投资亦是如此。

资产荒的焦虑可能来自中国投资者对过往投资习惯的路径依赖，或者说一种惯性思维。因为"现状偏见"，投资者对于投资方式和产品的选择更倾向维持现状，或作出最小的改变。这种选择让人产生安全感，却也对新的投资方式和产品过于保守。《财富健康指数》数据显示，中国新富人群的投资理财品种相对固定，相比 2017 年的数据，2018 年新富人群在互联网金融、股票以及基金的投资比例有所下降，但房产、股票依然是新富人群的心头好。这都表明投资者对于投资有着惯性思维，不愿接触新兴的投资产品。

特别是股票市场，即便是一轮轮的资产缩水，散户依然蜂拥而至。和如今的中国市场一样，美国股票市场的主力军过去也是由散户组成。但是美国散户在经历了 1987 和 2000 年的两次崩盘后损失惨重，才逐渐死心并最终将市场交给专业投资者操作。显然，中国的股民们目前还未意识到这一点。

问题二：你看清产品说明书了吗？

有这样一个笑话：有个吝啬鬼不小心掉进河里，好心人趴在岸边喊："快把手给我，我把你拉上来！"但这吝啬鬼就是不肯伸出自己的手。好心人开始很纳闷，后来突然醒悟，就冲着快要下沉的吝啬鬼大喊："我把手给你，你快抓住我！"这吝啬鬼一下就抓住了好心人的手。

关键不在于说什么，而在于怎么说。这背后有着另一个行为金融学的概念：框架效应。框架效应关注人们在决策时是否受问题表现形式的影响——对一个客观上相同的问题的不同描述，可能会导致人们做出不同的决策判断。

认清这一概念在打破"刚性兑付"的时代尤为重要。在之前的"刚性兑付"时代，投资者在决定购买一个投资品种的唯一标准是产品背后的担保，无论是隐性的还是显性的。在面对资管新规后的变化，"刚性兑付"被打破了，不少投资者无所适从。因为害怕投资本金的损失，而错过了很多产品书上写着"本金与收益都无法保证"的投资产品。但是如果详细分析产品说明书，可以发现这与此前的"保本产品"底层资产无重大区别，只是换了个名字而已。

因此，在如今的资产荒下，更需要明确了解这些新产品的投资方向或者底层资产，如果是一些收益稳定且安全的产品，即便写着"不保本"，也未必不是好的投资品种。

问题三：你过度关注单个投资吗？

导致错过投资产品的另一个原理，可能是过度关心单个投资品种。这个偏差会妨碍我们以整体眼光看待自己的投资组合，这背后有心理账户的因素在作祟。

最早提出心理账户现象的经济学家理查德·泰勒曾讲过一个故事。有一次他去瑞士讲课，瑞士给他的报酬还不错，他很高兴，讲课之余就在瑞士做了一次旅行，整个旅行非常愉快，而实际上瑞士是全世界物价最贵的国家。第二次在英国讲课，也有不错的报酬，就又去瑞士旅行了一次，但这一次到哪里都觉得贵，心里不太舒服。

为什么同是去瑞士旅行，花同样的钱，前后两次的感受完全不一样呢？原因就在于第一次他把在瑞士挣的钱跟花的钱放在了一个账户上，认为这是一次旅行的收入和支出，最后可能不赚不亏；而第二次不是，他把讲课的报酬放在了账户一，而旅行的支出放在了账户二。这样一来，账户二是纯支出，泰勒自然就有所不满了。由于心理账户的存在，人们在决策时往往会违背一些简单的经济运算法则，从而做出许多非理性的消费行为。

这种分账户的心理，也会影响投资决策。如果我们将每个投资产品都分为单一的账号，很容易我们就会关注单一产品的特征，比如能否刚性兑付。当这样的保证没有了，这对我们的整体投资会产生很大的冲击。如果能克服心理账户，从一个整体组合的角度看待总投资，单一产品的特征对于组合而言就显得并不重要，因为决定组合（我们整体财富）的风险更多的是组合中不同产品的相关性。比如说，某一个"刚性兑付"的产品没有了，但类似的替代产品（如能产生同样收益而且风险非常低的对冲基金产品）在组合中起到一样的作用，因为这些产品都与组合中其他产品保持很低的相关性，所以组合的风险特征并没有发生根本变化。

但是，受到心理账户的影响，关注于单一品种的投资者会因为某些产品的特征改变而哀叹资产荒，备感焦虑。

我们如何改善这种焦虑呢？别忘了多元化投资。

操作层面上说，躲避资产荒最有效的方式就是多元化投资。"不要把鸡蛋放在同一个篮子里"被很多人视作配置个人资产的千金要诀，通俗地说就是千万不要将资金集中在某个单一的资产类别中。另外，"也不要把所有篮子都放在同一辆车上"。后者真正执行起来的难度更大。

首先，随着全球一体化进程的深入，能够完全互相不影响的投资标的几乎不存在。而中国投资者能做的，就是尽量降低投资标的间的互相影响性。跨境、跨市场的投资是一大秘诀。

另一种方式是寻求资产回报影响因素的多元化。即使在同一个市场环境下，对于投资策略的多元化也能达到分散投资、降低风险的效果。比如说如果依据同一资产但不同策略进行多元化来设计组合，产生的效果可能要比全部持有多头策略的简单的大类资产分散配置好得多。也就是说，即使我们将全部资产都配置在权益类，一部分配置在主动管理多头策略，另一部分在空头策略、市场中性以及全球宏观对冲策略之间进行合理分配。由于这些策略赖以盈利的回报驱动力各不相同，即使宏观经济环境恶化，躲过组合大幅缩水的几率则高得多。

为什么总有投资者"踩雷"

普通投资者频频踩雷的背后,仅仅是因为投资者的无知以及不了解投资风险吗? 投资者的金融素养和行为偏差是否扮演了一定的角色?

媒体经常报道很多投资者踩雷的事件,比如说几年前,"你看中他们的收益,他们却正盯着你的本金"的 P2P 行业,曾经被众多投资者热烈追捧。即便媒体以及监管层反复预警,仍有大量的投资者"奋不顾身",直到一声雷响,投诉无门,只能苦等清算结果。

抛开 P2P 本身的合法性因素,投资者频频踩雷的背后,仅仅是因为投资者的无知以及不了解投资风险吗? 投资者如果对于金融产品的属性不了解,这是缺乏金融素养(financial literacy)的问题。但如果投资者明知道潜在的风险巨大,但依然选择相信自己的运气,这就是投资中的知行不合一。

你的金融素养如何

上海高级金融学院与美国嘉信理财发布的"2019 年中国新富人群财富健康指数"(下称财富健康指数)或许能为这一问题提供一些补充。财富健康指数报告显示,相对于一、二线城市,三线城市新富人群对于自身财务状况的满意度更高,对于短期和长期的财富健康更有信心。但是,这些信心的来源恐怕很难让人放心。调查中,三线城市新富人群在财务规划、金融服务和产品的使用这两个方面分数最低,说明他们的金融素养和乐观态度并不成正比。而在三线城市,新富人群恰恰主要依靠自己和有限的金融知识来管理财富,来维持其长期的财富信心。

具体来看,金融素养或者财务素养是指人们理解和处理金融相关决策的能力。学术界通常用"Big Three"——三个简单的选择题来评估这一指标。问题一:如果你有 100 元放入存款账户,年利息是 2%,经过 5 年后你的账户共有多少钱? 选项包括"大于 110 元""等于 110 元""小于 110 元";问题二:如果你的存款账户利率是 1% 而通货膨胀率是 2%，1 年以后你的购买力是超过、等于还是少于今天？问题三：你认为"买入一只单一股票要比单买一只基金更安全"是否正确？其中第一道题考查你的复利知识，第二道题是关于对通胀概念的理解，第三道题是关于多元化投资理念。

这三道题有多少人能回答正确呢？

2013 年美国的一份研究发现，71% 的美国成年人正确回答了复利的问题，81% 正确回答了通胀问题，64% 正确回答了风险多元化的问题，全部回答正确的比例只有 43%。其他国家的研究，比如对于第三道题的回答，荷兰、日本、德国、智利、墨西哥等国家的正确率是一半左右，新兴市场如印度和印度尼西亚只有 30% 的正确率。这说明市场投资者缺乏金融素养是一个普遍的现象，哪怕是在发达国家。

金融素养可以通过系统性的教育来获得提升。中国央行发布的《2019 年消费者金融素养调查简要报告》（下称消费者金融素养报告）报告显示，教育、收入、地域、年龄和职业五个因素与消费者金融素养得分显著相关。报告提到，消费者收入、受教育程度与金融素养在 95% 的水平以上显著正相关，而初等和中等教育阶段是金融素养提升最快的阶段。换而言之，这部分人群也最缺乏金融素养。

教育可以改变金融素养，也间接地影响到投资者的理性投资理财行为。消费者金融素养报告也发现，受过本科以上教育程度的受访者，在延迟消费满足、个人信用态度等维度的得分，要明显高于初中以下学习的受访者。同样，在贷款前考虑还款能力、信用卡还款习惯等方面，本科以上学历的受访者也比初中、高中学历的受访者更为稳健和保守。不难理解，在面对一款金融产品时，不同的受教育程度，直接决定了对于这款产品的理解。

深层次原因：过度自信的偏差

但同时也有很多研究发现，教育广义上可以提升投资者的金融素养，但对于最终投资行为的影响却并不显著，或者说并未提升投资者的财务决策质量。举例而言，在众多踩雷的 P2P 投资者中其实不乏高学历、具有丰富投资经验的投资者。他们为什么也会投身其中？难道他们也缺乏金融素养，缺乏辨别风险的能力吗?

答案不一定如此。除了受教育程度和金融素养的差别,存在于我们内心的认知偏差可能是更深层次或者更普遍的原因。这些行为偏差导致我们无法客观地评估风险,或者明知道风险也奋不顾身地参与。很多投资者清楚地知道P2P是一种击鼓传花的游戏,知道游戏的风险点在哪,问题是大多数人都自信他们可以在短期获取高额的收益,还能在鼓声停止之前安全抽身。

这些人可能犯了过度自信的偏差。这种过度自信体现在:一是,人们过度估计了其完成任务的能力,对自己的能力有不切实际的积极的自我评价。这种过度估计随着个人在任务中的重要性而增强;二是,过度自信的人往往有事后聪明的特点,夸大自己预测的准确性,尤其在他们期望一种结果,而这种结果确实发生时,往往会过度估算自己在达成预期结果中所起的作用;三是,人们对未来事件抱有不切实际的乐观主义,期望好事情发生在自己身上的概率高于发生在别人身上的概率,甚至对于纯粹的随机事件有不切实际的乐观。过度自信的认知偏差使得投资者抱有侥幸心理。也许他们都清楚P2P的风险极大,但是也几乎是所有人,都不认为击鼓传花的最后一棒会落在自己的身上。这种过度自信的心理也是导致这类人踩雷的原因之一。

还有一部分人是由于缺乏对自我行为的控制。举个例子,在美国,人们为解决在薪酬发放前的资金短缺困境,而选择短期的薪水贷(payday loan)。薪水贷在美国部分州是没有设定上限的,例如得克萨斯州,借入 300 美金,在两周内需要还 370 美金,两周利率为 23%。按照复利计算方式,年化之后就是 600 多倍①。通常一个周期为两周的贷款,利率在 15%~30%,年利率高达 3 686%~91 633%。即使利率如此之高,据统计,1 200 万美国成年人选用薪水贷,这占到美国总人口的 5%。这些研究发现,除了金融素养影响到这种短视的行为,缺乏对自我行为的良好控制也是导致这些行为的一个重要原因。所以在投资中能确保自己不要头脑发热,做到知行合一便尤为重要。

---

① https://www. consumerfinance. gov/ask-cfpb/what-are-the-costs-and-fees-for-a-payday-loan-en-1589/.

如何做到知行合一

那么我们应该如何才能在投资上做到知行合一？通过教育提升金融素养肯定是必需的，同时通过行为干预将会取得事半功倍的效果。在一项针对中国农村人口购买保险意愿的实验研究中，研究者发现为实验对象设计的各种应对天气变化的保险场景教育并没有增加他们购买保险的意愿。相反，通过重复模拟在购买或没有购买保险的情况下出现真实资金损失的游戏，他们投保的意愿上升了两倍。也许，踩雷本身就是最好的干预教育，通过遭受损失的亲身经历来提升投资者的金融素养和知行合一。

另外，在印度的一项研究发现，仅仅对受测试者进行金融知识的教育，这对受测试者的金融决策和行为并没有起到决定性的影响。但当受测试者被要求为自己设定一些财务规划目标，并把实现目标的时间在日历表中标注出来时，教育加行为干预使得受测者的金融决策和行为出现了一些改变。如果为每位受测试者配备个人财务咨询顾问，效果就更明显了。这个结果说明，金融知识的教育＋行为干预（设定财务目标）＋咨询（外部的个人理财顾问）会更有效地帮助投资者作出明智的、理性的、健康的理财投资行为。

总的来说，要解决避免投资者踩雷这类问题并不困难。一是通过教育提升投资者的金融素养，使投资者能够正确了解风险和回报之间的关系；二是对投资者的一些行为提供合理的干预，避免投资者陷入行为偏差的困境；三是寻找第三方专业顾问对金融决策的支持。如果三者组合起来，那么作出的投资决策和选择往往会更合理，并帮助投资者大大降低踩雷的风险。

社交媒体如何影响我们的投资理财

从专业观点分享到大众意见表达,社交媒体成为投资者获取信息和交流的重要渠道。当社交媒体已经不可避免地影响我们日常生活的时候,我们也必须要正视社交媒体正在影响居民投资理财的问题。

2021年伊始,在大洋彼岸的美国股票市场发生了一场震惊世界的轧空事件,对阵双方一边是久经商战的华尔街做空机构,一边是不被看好的散户,而这一切都围绕着一家名为 Game Stop(NYSE:GME)的游戏公司展开。GME 散户"轧空""血洗机构"事件成为媒体的热点,虽然类似的事件不是第一次也不会是最后一次,但中间有些不同于以往之处在于:网络社交媒体在这个过程中起到了加速聚集和引爆的作用。

当社交媒体已经不可避免地影响我们日常生活的时候,我们也必须要正视社交媒体正在影响居民投资理财的问题。

如今,社交媒体已经成为我们日常生活的重要组成部分。国内一项社交媒体行业数据分析显示,中国移动社交媒体使用规模达到 7.8 亿人,这个数字可谓惊人。同样地,皮尤研究中心(Pew Research)的数据显示,有 70%的美国人正在使用社交媒体,而这个比例在 2005 年只有 5%。

毫无疑问,社交媒体正在潜移默化地影响着我们的生活方式、消费习惯,乃至财务观念和投资理财行为。皮尤研究中心的数据还显示,超过 33%的成年人会就自己在社交媒体上看到的金融信息咨询投资公司和财富管理顾问。此外,有 70%的富裕投资者会受社交媒体上信息的影响而改变投资决策。

社交媒体对投资理财的影响

社交媒体如何影响公众的投资理财行为? 我们通过美国知名金融公司嘉信理财对于美国、中国大陆和中国香港新富人群投资理财行为的调研来回答这一问题。

　　嘉信理财于 2019 年发布的《现代财富指数调查》(2019 Modern Wealth Index Survey)报告调查了 1 000 名 21 至 75 岁的美国居民对其储蓄、支出、投资等财富管理方式的看法。报告显示,57%的受访者表示对他们的朋友如何花钱感兴趣。另有 60%的受访者表示,当看到朋友在社交媒体上分享一些引人瞩目的生活经历时,他们会好奇自己的朋友如何负担得起这样的生活。在此基础上,调研发现社交媒体主要对美国居民的财务规划和财富管理行为产生了以下三方面的影响。

　　第一,跟邻居攀比(keeping up with the Joneses)。在上述调研中,有超过三分之一的美国人坦言,看到朋友在社交平台上的分享会驱使自己在相应的物品、服务上进行消费。这种影响被称为"社交媒体嫉妒"。

　　第二,超出能力的支出(spending beyond their means)。超过三分之一的受访者表示,在看到朋友在社交平台上的分享后,为使自己能与他们拥有类似或相同的经历,自己往往会进行"超出自身承受能力"的开销。而 2018 年安联保险发布的一项调研结果也显示,57%的受访者会受社交媒体的影响而进行本不在计划中的消费。

　　第三,专注于支出而非储蓄。57%的受访者表示,相比于储蓄,他们更关注朋友的消费方式。另有六成受访者称,当看到自己的朋友在社交平台上晒出自己在高档餐厅吃饭或是旅游景点度假时,他们会很好奇这些朋友如何负担得起这样的生活。

　　无独有偶,嘉信理财发布的《2019 香港新富人群财富健康指数》报告中也谈到了类似的现象。研究发现,香港新富人群对亲戚和朋友的财务状况有极大的兴趣。对他们的储蓄、月收入和投资产品感兴趣的受访者占比分别达 46%、41%和 39%。

　　而针对中国大陆市场,嘉信理财联合上海高级金融学院发布的《2020 年中国新富人群财富健康指数》报告发现,社交媒体同样影响着新富人群的投资理财决策,且这种影响并不是很正面。社交媒体作为一种传播迅速且来源广泛的渠道,为投资者提供了投资理财所需的各类信息。但与此同时,密集和繁杂的信息也难免带来信息负荷的烦恼。报告指出:"社交媒体上纷繁的信息导致新富人群在金融投资时无法专注于自己的长期财务目标。"

社交媒体会影响投资理财行为的理性因素

社交媒体的繁荣是数字化时代的重要表征之一,而数字化社交对于金融投资的影响是一个全新的议题。所有的金融活动要做到有效率,最核心的要素是投资决策者掌握准确、完整、及时和对称的信息。对此,社交媒体可以有效减少投资理财中存在的信息障碍,缓解交易双方的信息不对称。以往,投资者只能通过专业媒体或者行业杂志查阅信息,而如今只需通过社交媒体的推送即可获取。信息获得的难度大大降低,信息成本当然也降低了。

同时,相比于传统的信息来源,社交媒体平台能以更为高效的方式传递海量、及时的信息。投资者手握一部移动终端,即可不受时间和空间的限制获取自己所需的各类信息。难怪有人就有了"现在上社交媒体咨询理财建议都比专业人士更靠谱"这样的错觉。这种错觉深刻反映了以互联网平台为主的新金融模式对传统金融模式的冲击。它也向整个金融行业传递了重要的信息,即传统的理财专业人士必须转变观念,积极适应全新的金融发展模式。

社交媒体影响投资理财行为的非理性因素

正如前文所提到,当我们看到朋友圈里晒出的网红景点或是新一代数码产品时,往往会被"种草"。人们为何会如此关心朋友在社交平台上的分享?他们的财富行为又为何会受到这些社交媒体信息的影响?

其中一大原因便是"错失恐惧"(Fear of missing out)心理在作祟。简而言之,它描述的是人们总感到别人在自己不在时经历了什么非常有意义的事情的心理状态和希望与别人所经历的事情自始至终保持关联的渴望。同时,它也被定义为一种对后悔的恐惧。这种恐惧使你情不自禁地陷入对错过结交社会关系、获取新奇经历的忧虑之中。自我决定理论(Self Determination Theory)认为,获得自己与他人相关联的这种感觉是一种合理的精神需求,这种需求影响着人们的心理健康。由此,错失恐惧心理则被认为是人们因自己当前或长期没有得到上述需求的满足而产生的一种自我调节状态。

科技发展的日新月异使得人们的社交方式从过去面对面交流逐步发展到线上沟通。社交媒体的出现让社交门槛大为降低,同时也加深了人们对互联网的依赖。在社交平台上关注的内容越多，错失恐惧心理就愈发强烈。

具体到投资理财上，"错失恐惧"表现为生怕错过良好投资机遇的忧虑心理。当看到朋友圈里好友分享的"爆款基金"时，我们会害怕自己因错过这样发财致富的机会而后悔。受此影响，许多投资者难免会做出冲动而非理性的投资决策。

因此，深入了解并有效管理社交媒体对我们的财富生活所产生的负面影响至关重要。这一方面需要每位投资者的自我约束。我们必须正视自己对于社交媒体的过度依赖以及这种状态对自身投资行为所产生的影响，并对自己的财富管理做出相应调整。而另一方面，提升投资者金融素养、塑造有序的金融市场也离不开有关部门和金融从业者的共同努力。

抵御社交媒体对于投资理财的负面影响

在网络舆情时代下，社交媒体为人们带来了更高效的信息获取路径，但同时庞杂的信息也带来了更高的甄别要求。对于投资者而言，社交媒体会对我们的投资理财带来哪些潜在影响？我们又该如何抵御社交媒体对于投资理财的负面影响？

2021 年年初有个现象引起了大家的热议：年前，基金投资出现了所谓的"饭圈化"，年轻的公募基金投资者们给表现优异的明星基金经理建立了"后援会"，一时间"张坤热过蔡徐坤，刘彦春赶超李宇春"。而年后，事情发生了巨大的变化，从造神般的造势到一路质疑，中间只隔了一段市场的剧烈波动。

讨论这个问题的文章已经很多，但今天我们想讨论的是，社交媒体这一传播路径所可能对投资理财带来的影响。基金"饭圈化"首先兴起于社交媒体，而后来的质疑也来自于此。这不得不引起我们的警惕：社交媒体已经在我们的投资理财中悄然生根，切实影响着我们的投资行为。

不可否定，社交媒体作为一种传播迅速且来源广泛的渠道，可以降低过往投资理财中的信息障碍，减少其中的信息不对称。过往的投资者需要通过专业媒体或者行业杂志获取信息，现在只需每天浏览社交媒体的推送即可满足需求，大众获取信息的难度大大降低。

但是，这种良性的影响并不是事情的全部，社交媒体也可能给我们的投资理财带来负面影响。例如，随着人们越发普遍地通过社交媒体关注家人和朋友的消费习惯、财务状况和投资理财行为，大家难免会产生攀比心理。这会导致人们进行超出自己经济承受能力的支出，而忽略储蓄的重要性。

此外，社交媒体还会对我们的投资理财带来以下潜在影响：

信息负荷

在人类社会的发展历程中，各种各样的通信方法和设备层出不穷，包括信件、电话、电报、传真等等。而如今，所有的通信都可以通过单一的平台，即互联网来完成。社交媒体也一跃成为人们相互联系、分享看法的重要沟通渠道。

随着公众对社交媒体的使用频率日趋上升，企业也逐渐习惯通过社交媒体发布公司信息。这一平台不仅可以帮助企业更高效地进行品牌塑造和市场营销，还能拉近企业与消费者的距离，使之实时了解消费者的需求。

但众多的信息来源难免导致信息负荷。如果投资者面临信息过载，可能会无法有效筛选出与投资相关的正确信息，从而降低投资决策质量。嘉信理财和上海高级金融学院（嘉信—高金）联合发布的《2020 年中国新富人群财富健康指数》就指出，社交媒体上纷繁的信息，可能导致新富人群在金融投资时无法专注于自己的长期财务目标。

放大行为偏差

社交媒体对投资者带来的第二大负面影响，是它可能会加剧人们在投资理财中的认知偏差。

传统金融理论的一大基本假设，是市场是有效的、信息是完全的、投资者是理性的。但事实上，市场并不有效，人更是无法完全理性。因此，有别于传统金融学的假设，行为金融学提出投资者会存在认知偏差，例如过度自信、厌恶损失等。

美国金融服务公司 Raymond James 在 2019 年 3 月的一项研究中发现，在自认为"精打细算"的投资者中，超过四成表示他们的情绪对于其投资决策有极大的影响。此外，约 45% 的受访者称，新闻标题是影响他们投资决策的一个重要因素。这些数字表明，即使是那些自认为理性、合乎逻辑的投资者也可能会让情绪和外部因素影响他们的财务选择。

而这种认知偏差，容易在社交媒体的影响下被放大。从理论上讲，网络上的海量信息有助于个人接受更好的投资者教育，并让大家接触到新思想、新信息。但是由于社交媒体的信息来源无法被严格管控，导致谎言和事实相掺杂。每条微信推送、微博或朋友圈都传达了别人的意见乃至"偏见"，而这其中有几分真实就必须靠我们自己过滤。

然而，如此爆炸式的信息量完全超过了人们日常可以处理的范畴，以至于人们无法始终对信息的真伪做出准确判断。于是，人们总是能从这些纷繁的信息中找到支持自己观点的内容，在内心反复自我强化。前文所提到的基金投资"饭圈化"现象虽有娱乐玩梗的意味，却也流露出投资者反复自我强化和寻找"同类"观点信息的痕迹。

这无疑会影响到投资者的财富管理。对于那些厌恶损失的人来说，有关市场低迷或潜在市场波动的新闻可能引发其条件反射的投资行为。例如，当他们看到大宗商品价格下跌的新闻或帖子后，厌恶损失的情绪会使他们做出仓促而非理性的投资决定。而当他们因看到社交媒体上遍布短期抛售和市场调整的信息而感到危险和不安时，他们便无法专注于长期投资目标。

在社交媒体时代，投资者面临的另一大常见挑战是"羊群效应"，即一种"其他人都在做"的心态，或者是"害怕错过"的状态。而许多信息发布者非常懂得如何利用羊群效应来吸引大家的注意。他们会发布一些有引导性的标题，比如"你错过的三种投资趋势""你从没想过的五种省钱方法"，或者"让你成为百万富翁的秘密"。

没有人想落后于他们的同伴，不管他们的同伴是否正确。然而在投资理财中，这种随大流的心理可能意味着投资者无法从潜在回报中获益。因为每个人的财富管理目标不尽相同，因此适合某个人的投资理财方式对其他人未必合适。

受骗上当

一份来自融360维度的调查结果显示，30.22%的受访者承认自己遭遇过理财投资陷阱或骗局，其中，社交媒体和短视频直播平台是金融诈骗的重灾区。有53.61%的受害人声称，自己是在社交媒体遭遇的理财骗局。

从这个数据来看，社交媒体不仅仅是影响到我们正常的投资决策这么简单。普通投资者若缺乏审慎意识和足够的信息辨别能力，便极有可能使犯罪分子乘虚而入。而社交媒体正逐渐成为这些金融犯罪分子的重要作案工具，损害到我们的财产安全。

提升金融素养正当时

那么，对普通个人投资者而言，我们难道要屏蔽所有的社交平台信息吗？

这显然是不现实的。因此，我们必须了解如何抵御社交媒体对于投资理财的负面影响。

首先，我们要提高自身的金融素养，正确认识投资理财产品的属性和风险。同时理性看待社交媒体信息对自身的影响，识别信息中可能存在的偏见，在接受信息时进行自我过滤，培养独立思考的能力。嘉信—高金联合发布的《2020年中国新富人群财富健康指数》报告中也提到，金融素养越高的人在投资中受社交媒体信息的影响越低，越能够保持专注。

其次，为了避免陷入认知偏差中无法对焦，我们可以寻找一位专业的投资顾问作为咨询对象，一同梳理自己的财富管理目标和路径。此外，投资顾问也可以帮助你有效地过滤信息，从而确定哪些信息与自己的投资组合和财务计划最相关。

现如今，金融监管机构对于社交媒体影响的关注也在日益提升。2020年9月，香港证监会提醒公众警惕社交媒体上可能存在的金融诈骗。香港证监会行政总裁欧达礼先生表示："打击网络平台上的有组织投资欺诈行为是本会的重点工作。为免堕入骗局，公众对于社交媒体上传播的投资建议或贴士须提高警觉。"证监会旗下的投资者及理财教育委员会，在其官方网站上也发布了有关如何识别网上骗局的实用指引。

可以预见的是，社交媒体对于日常生活和投资理财的影响将长期存在。利用好社交媒体的信息便捷性将更好地助力投资者教育。随着时间的推移，相信投资者会以更妥善的方式处理各类信息，去伪存真，尽量避免这些噪声对我们的长期财富管理目标所产生的影响。

第三章
股票投资

尽管大家都笑称中国股票"出走半生，归来仍是三千点"，但股票投资确实是中国居民重要的投资品类之一。与海外的机构参与者为主的情况相异，中国目前仍有大量的个人投资者参与股票投资。于是我们就会看到，股票市场火热的时候，街头巷尾茶余饭后人人谈论股票，兴奋之情溢于言表。而行情低迷的时候，处处哀鸿遍野怨声载道。

想参与股票投资的想法合理吗？怎么参与更好？注册制、科创板这些新政策对个人投资者而言意味着更加容易还是更加困难？在这个章节我们探讨了这些问题。文章写就的时间相对较早，有一些话题在此刻回看依稀已经得到印证，有一些则需要放到更长的时间维度中去检验。而更重要的是，希望这些探讨能够帮助个人投资者在做跟股票投资相关的决策时，能多一个角度参考。

股市火热之时，是否可以跑步进场

在股票牛市的时候，大家是否感受到了股民们兴奋的情绪充斥着街头巷尾？这时候跑步进场合理吗？为何投资者在股市反应平平甚至处于明显底部之时没有入市的意愿，却在股市开始回暖复苏的时候愿意跑步入场？

2019 年年初的时候，股民们兴奋的情绪充斥着街头巷尾。截至当年 4 月 4 日收盘，上证综指自 2 月初以来，涨幅高达 25%，创业板指受到科创板政策的影响，涨幅更是超过了 44%。与之伴随的是新股民踊跃入场。中登公司数据显示，2 月 18 日至 2 月 22 日这一周内，新增投资者数量达 31.61 万，这一数据较前一周 20.66 万的新增数量，大幅增长了 53%。

这番红火的景象与过去的一年形成了鲜明的对比。2018 年，上证综指跌幅超过 25%，新富人群投资股票的意愿大大减弱。根据上海交通大学上海高级金融学院与嘉信理财共同发布的"2018 年中国新富人群财富健康指数"，新富人群中拥有股票投资的人数占比从 2017 年的 42% 下降至 2018 年的 29%，特别是女性的比例从 43% 下降至 24%。

为何投资者在股市反应平平甚至处于明显底部之时没有入市的意愿，却在股市开始回暖复苏的时候愿意跑步入场？

"框架效应"（framing effects）理论由诺贝尔经济学奖得主丹尼尔·卡尼曼提出，它关注人们的决策受问题表现形式的影响——对一个客观上相同的问题的不同描述，可能会导致人们做出不同的决策判断。通过一个笑话可以更好地理解这个理论：有个吝啬鬼不小心掉进河里，好心人趴在岸边喊："快把手给我，我把你拉上来！"但这吝啬鬼就是不肯伸出自己的手。好心人开始很纳闷，后来突然醒悟，就冲着快要下沉的吝啬鬼大喊："我把手给你，你快抓住我！"这吝啬鬼一下就抓住了这个好心人的手。可见有时解决问题的关键不在于说什么，而在于怎么说。

基于框架效应，另一位诺贝尔经济学奖得主理查德·泰勒提出人们可以从一个交易中获得两类效用,即获得效用(acquisition utility)和交易效用(transaction utility)。对于一个理性的经济人而言,获得效用是其最终目的,而所谓获得效用就是获得物品实际所带来的效用与不得不放弃的机会成本之差。只要交易者认为商品的价值高于市场价格,这次交易就会产生大量的获得效用。但是非理性的普通人因为受到框架效应的影响,还会考虑交易的另一面:可感知的交易质量,也就是所谓的交易效用,即实际支付的价格与期望(参考)价格之差。

比如说,同样的一份盒饭如果在街边的快餐小店可能卖 10 元,但是在上海陆家嘴金融中心售价会达到 30 元,而在高铁上的售价则会高达 50 元。如果这份盒饭在路边的小店卖到 20 元你会觉得被坑了,但是你很轻松地接受高铁上 50 元的价格。为什么? 因为你在路边小店付 20 元买盒饭得到的交易效用是负的,而在高铁上付 50 元买同样的盒饭得到的是正的交易效用。这种过度关注心理上的满足而不是经济利益的满足的心理在不同方面影响着普通人的决策。而理性的经济人则关注盒饭所带来的获得效用,他们不会受购买地点这些看似无关的因素的影响。

另一种情况你一定遇到过。在购买银行理财产品时,在收益率较为接近的情况下,一款购买后没有任何赠品,却是即刻起息;另一款需要 3 天后起息,但是你却可以免费获得一个精致的保温杯。相信大部分人都会选择购买第二款理财产品。对于理财产品购买者来说,理财产品的利息解决了获得效用,但是精美的保温杯却创造了正面的交易效用,从而增加了购买者对这项交易的决心。

股市中的"追涨杀跌"其实也可以用同样的框架效应的逻辑加以解释。股市交易的交易效用可能是正的,也可能是负的。也就是说股市交易本身既可能让人感觉上当受骗,也可能会引诱人们购买昂贵的产品!我们经常看到一个公司的股票在 10 元/股的时候没人买,但是到了 50 元/股的时候大家却抢着买,而这期间公司的基本面没有发生任何变化。这是因为一般投资者对于股价和基本面的区别很难分辨,很难计算购买股票的获得效用,转而过度地关注交易效用。在 10 元/股的时候,投资者体验到的交易效用是负的,因为市场上大家都不买;但在 50 元/股的时候,"大家都在买"的现象带来了正面信心,交易效用由负转正，更多人开始认为交易是划算的。

2019 年的股市上涨直接导致不少投资者匆忙入市的背后，实质上是股民的"框架心理"作祟。由于对获得效用的渴望，股民内心认为股票会长期上涨；而周围同伴们都在购买股票的现象则带来了正面的交易效应，股民从而认为自己所做之事一定会带来收益。

但是事实上情况一定如人所愿吗？2015 年的股市情状相信对不少人而言依然历历在目。2015 年下半年上证综指跌去 30% 之后，2016 年初的熔断让 A 股市值蒸发上万亿元，而这些最终都由投资者埋单。

因此在投资时，我们需要明确了解框架效应对于决策的影响，进而避免受此影响，同时，我们建议的投资者还应该遵循两个核心思考方法，从而透过迷雾看本质。

第一个方法是要透过问题的表现形式看问题的实际。譬如在投资股票这一操作中，假设要参与这一轮股票上涨带来的红利，则需要明确了解这轮股票上涨的背后究竟是股票基本面的改善，还是由于资金的推动造成的上涨。不同的原因决定了股价长期的走势。

第二个方法是规避从单一个体的角度看待一项具有风险的项目（如股市投资或某一股票的投资），而应把项目从一个组合的角度加以分析。进行投资的最终目的包括资产保值以及资产增值，也就是投资收益。无论是股票、债券，抑或是房产，都是投资组合中的一环。归根结底，要获得收益，就需要考虑到这些投资项目的风险，股票投资更是如此。大多数人过度关注单一资产或股票的收益或风险，却忽略了分散投资的必要性。假设股票只是你资产组合中的一环，另外还配置了海外债券、房地产等其他资产，这样在 2008 年以及 2015 年的股市大跌中，就不会出现大幅的净值回撤。不过绝大部分人由于认识偏见等种种原因，不愿接受分散投资，这些都是因为受到框架效应的影响。如果要从根本上避免投资亏损，就必须要认清这一点。

科创板对于普通投资者意味着"机遇"还是"风险"

2019 年,科创板开板!"中国版纳斯达克"——科创板对于普通散户而言意味着什么?我们又能从纳斯达克设立前后美国投资者结构的变化历程中借鉴到什么呢?

2019 年 6 月,中国的资本市场迎来了一场重大变革。继主板、中小板以及创业板后,时隔十余年,上海证券交易所迎来一个全新的板块:科创板。

不少人,特别是不少中国的中产人士,对于科创板更是满怀期待。原因无他,随着 2018 年资产新规的落地,"资产荒"的言论不绝于耳。而科创板的推出,至少提供了一个全新的投资品类,让中产们闲置的资产有所去处。不少人甚至期望,科创板的推出,将会提供像 2013 年创业板一样的"盛宴"。

被冠以"中国版纳斯达克"称号的科创板和美国的纳斯达克究竟有哪些相似之处?"中国版纳斯达克"对于普通散户而言又意味着什么?我们又能从纳斯达克设立前后美国投资者结构的变化历程中借鉴到什么呢?

科创板 VS 纳斯达克

基于多维度分析,科创板与纳斯达克确有相似之处。

纳斯达克设立于 20 世纪 70 年代,那正是美国技术密集型产业蓬勃发展期,一批高新技术类中小企业如雨后春笋般出现。"硅谷"正是诞生于那段时间。回想当初,美国充斥着浓浓的科技创业氛围。而这正是日后美国发展的基石。

但就当时而言,由于达不到纽交所对于盈利以及收入的上市门槛,许多有融资需求的高新技术企业被资本市场拒之门外。显然,美国市场十分看中这些高新技术企业。为了让更多中小企业能够上市融资,纳斯达克应运而生。

科创板的诞生,与纳斯达克有异曲同工之妙。近 10 年,中国的互联网大潮孕育出了一批以阿里巴巴、腾讯等为代表的优秀的科技企业。但由于 A 股同样设置了对于盈利、收入等要求的制度原因，国内资本市场只能将这些优秀的企业"拒之门外"。包括阿里巴巴、腾讯、美团点评等优秀的科技型企业，都选择了纽交所或者港交所作为上市的地点。

科创板的推出，放宽了主板以及创业板对于企业盈利的硬性要求。从今往后，科技型公司在成长初期需要庞大的研发费用、盈利时间较长等问题，不再成为融资的绊脚石。毫不夸张地说，科创板的推出让更多的初创型科技公司有了在 A 股上市的可能。

从面向对象的角度，科创板也与纳斯达克极为相似。纳斯达克以高新技术行业为主，包括软件、计算机、生物技术、通信、互联网科技等。而根据上交所发布的科创板指导意见，科创板主要欢迎六类企业，分别是新一代信息技术、高端装备、新材料、新能源、节能环保以及生物医药等高新技术产业。

从上市条件和审核制度的角度，科创板采用的标准也和纳斯达克相类似。两者均采用多套标准衡量申请上市的公司，并且都将宽进严出的注册制作为审核制度。

纳斯达克是美国散户的辛酸史

纳斯达克的推出对于市场以及融资方而言，无疑是场"盛宴"。但是对于投资者特别是散户而言，却有可能是场灾难。纳斯达克的发展历程直接或者间接地见证了美国一大批散户的消灭。

美国在 1950 年之前，基本都是散户的天下，散户持有流通股的市值占比曾高达 80%。尽管散户在 70 年代纳斯达克推出时持股比例已有所下降，但仍然保持在 70% 以上。70 年代至 90 年代，科技企业的爆发使得纳斯达克指数始终稳步走高，维持到 90 年代中后期，之后纳斯达克市场开始走向非理性繁荣。与互联网相关的股票受到投资者大力追捧，股价增长的速度远远超过其盈利增长的速度，估值泡沫化现象严重。到了 90 年代后期，科技股的市值占比从 90 年代初的 7% 左右升到了 90 年代末的 35% 以上。

但是泡沫终将破灭。互联网股泡沫的破裂在 2000 年 3 月开始，纳斯达克指数在 30 个月内暴跌 75%，互联网指数跌幅达 90%，很多个股跌幅在 90% 以上。时至今日，纳斯达克指数仍未收复当年互联网泡沫创下的 5 132.52 的历史顶峰。

与暴跌对应的是散户数量的急剧下降。海通证券 2018 年研报显示，美国机构投资者持有市值占比高达 93.2%，个人投资者持有市值占比不到 6%。

毫无疑问，科创板推出时的中国股市也是一个散户市场。上交所 2018 年统计年鉴显示，截至 2017 年底，从持股账户数看，沪市投资者为 1.95 亿人，其中，自然人投资者 1.94 亿人，占比超过 99%。然而，从持股市值看，自然人投资者持股市值仅占总市值的 21.17%。中国股市散户主导主要指的是，沪市中个人投资者贡献了 82.01% 的交易额。虽然散户贡献了相当于机构投资者 5 倍的交易额，却只赚到了不足机构 30% 的盈利。

中国的中产散户也会消失吗

如今美国股市的情况，会在若干年后在中国的资本市场上再次上演吗？

纳斯达克方面，2000 年前后科技股被爆炒之后的暴跌，使得很多散户的资产归零，被迫退出市场，这是美国散户消失的原因之一。而归根究底，散户对于科技股的追捧是导致泡沫的主要原因。中国的散户也在翘首以待科创板市场的推出，希望在中国产业升级转型的大环境下，中国高端科技公司的题材也会被炒起一波行情。但是，这美好的愿望，是否也潜伏了不可预知的风险？

作为创新机制的设计，科创板采用和纳斯达克相类似的审核制度，也就是宽进严出的注册制。注册制的推行意味着可能出现不少退市的股票，个股踩雷、散户被消灭的概率急速提高。仅 2013 年至 2017 年的 5 年里，美股就有 1 438 只股票退市，远高于 A 股的 27 只。从 1950 年到现在，美国已退市企业的数量将近一万家，而现存的上市公司也就是一万多家。如果注册制执行到位，同样的情形也极有可能在 A 股重现，而散户很难具备鉴别能力，这部分投资的资金只能交给机构打理，自己退出市场。

同时，纳斯达克推出的同时，一大波的机构投资者开始进入市场。美国养老金制度的改革、共同基金行业的兴起使得大量的养老金、共同基金机构投资者入市。通过养老金计划，普通老百姓可间接参与股市，还能延迟纳税，省心省力。共同基金等机构投资者具有团队、专业等优势，且资金量大，个体散户单兵作战很难与其抗衡，很容易沦为待宰羔羊。这毫无避免导致"去散户化"。可以说，科创板的推出同时也将吹响中国式机构投资者集团军的集结号。

中国散户怎么办

虽然科创板在很多方面都和纳斯达克十分类似，在上市条件和审核制度、交易规则上，仍有不少差异。

对于投资者而言，科创板的所有创新之举都意味着新的挑战。注册制、最低资金需求、涨跌停等制度上的创新，无论是投资门槛还是投资难度，使得科创板的操作难度都将远高于主板、中小板以及创业板。这意味着，个人投资者将比以往任何时候都更依赖专业的投资机构。

事实上，中产人群避开专业理财顾问这一传统的想法正在发生变化。笔者与嘉信理财共同研究的《2018年中国新富人群财富健康指数》（下称《财富健康指数》）数据显示，过去一年中，中产人士使用过的金融服务产品中，专业的理财顾问这一选项的选择比例较上一年有所提升，使用过的比例从38%上升至44%。而提供更专业的投资决策建议、节省时间、提高效率是最为常见的选择原因。

科创板推出释放的积极信号，对于专业机构而言无疑是场盛宴。但是对于个人投资者，挑战远大于机遇。从纳斯达克推出后市场的变化来看，"去散户化"并不意味着对散户的驱逐，而应该达成散户与机构投资者双赢的局面。在这一过程中，散户们也需要作出一些理念上的改变。或许散户在经历过主动自愿投资机构产品、信任"专家理财"的过程后，才能迎来真正属于散户的盛宴。

中国资本市场呼唤长期投资者

近年来,机构投资者在中国股市的参与比例迅速攀升,充分展现了中国股市机构化加速推进的进程。然而根据目前的投资者结构,个人投资者在很长一段时间内仍然将是中国股市的主要参与群体之一。为了实现健康、可持续的发展,中国资本市场需要关注个人投资者"短期化"的投资特征,通过系统长期的投资者教育以及高质量发展的资本市场所产生的财富效应来吸引个人投资者转向投资长期化。

2022年4月21日,中国证监会主席易会满组织召开社保基金和银行保险机构负责人座谈会,核心议题是引导更多长期资金入市。会议强调,养老金、银行保险机构和各类资管机构是投资者中的专业机构代表,也是资本市场最为重要的长期资金来源。

长期资金入市可以充分发挥降低市场短期波动的优势。实际上,近年来机构投资者在中国股市的发展迅速,专业机构投资者持流通股市值占比从2019年初的18%上升至2021年底的24.6%。其中,各类资管产品持股市值占比从9.3%提升至14.2%。这充分展现了中国股市机构化加速推进的进程。

机构投资者通常能进行相对长期的投资,对市场稳定发展具有重要作用。"机构化"是市场成熟程度的重要指标,发达市场的机构投资者比例通常较高。从全球来看,美国、英国等传统的发达市场中机构投资者持有的市值比例普遍较高。2019年,美国境内机构投资者持股比例达到41%,2018年的日本达到31%,2016年的英国则为26%。而在上交所采用的总市值口径下,中国本土机构持股比例截至2020年末也仅为16%。

中国还在"机构化"的漫长道路上。截至2021年第一季度,流通市值口径下的A股投资者结构测算显示,个人投资者持股仅次于一般法人,为33.27%。可见个人投资者在很长一段时间内仍然将是中国股市的主要参与群体之一。因此,个人投资者的投资行为同样值得市场关注。

目前，中国个人投资者的投资行为具有非常明显的短期化特征。这些特征体现在以下的几个方面：

1. 个人投资者股票投资期限普遍较短

首先，个人投资者的直接投资行为呈现持股时间较短的现象。基于上海证券交易所 2016—2019 年间 5 340 万个个人投资者账户、4 万个机构投资者账户和 4.7 万个公司账户的数据研究发现，个人投资者平均持股时间为 40 天左右，机构投资者持股时间为 109 天。根据美国股票市场同期的月换手率（22%）可粗略计算出，美国投资者（个人与机构投资者）的平均持股时间是 90 天左右。

其次，即便是采用间接投资方式，个人投资者持有基金产品的时间也呈现短期化特征。根据三家公募基金公司对其权益类公募基金的客户投资分析，自三家公司成立至 2021 年 3 月 31 日，45.96% 的投资者持仓时长不到 3 个月，61.6% 的投资者持仓时长在半年以内，只有 11.46% 的投资者能够持有基金超过 3 年，能够持有基金超过十年的只有 1.73%。这种短期化投资行为也直接影响到投资收益，基金业协会的一项关于基金投资者的调研显示，半数以上的基金投资者持有时间少于一年，且仅有不足四成的基金投资者盈利，大部分投资者出现亏损或没有盈利。

另外，根据支付宝基金销售平台的调研，72% 的受访用户愿意持有基金的时间在 1 年以内，这其中有 27% 的用户不愿意持有理财产品超过 3 个月。短期持有行为会在出现亏损的情况下加剧。在不考虑亏损的情况下，73% 的受访者选择持有 3 个月以上，而在亏损的情况下，愿意持有 3 个月以上的受访者比例降至 50%。

2. 个人投资者在股票市场中的投资行为呈现系列短期化特征

我国个人投资者行为具有投机性强、频繁交易、追涨杀跌等特征，这些都可归纳为"短期化"的行为特征。

首先，个人投资者有明显的投机性偏好。一项基于国内某中大型券商 2003 年 1 月至 2009 年 6 月的投资者交易数据的研究发现，个人投资者表现出明显的彩票型股票投资偏好的特征，并且这种特征在年轻、男性、缺少交易经验、高换手率的个人投资者中表现得更加明显。

其次，个人投资者投资短期化同时体现在其频繁的交易行为上。一项利用上海证券交易所账户层面数据的研究发现,尽管个人投资者只持有了 25% 的股票,但却贡献了 87% 的市场交易量,交易十分频繁。

再次,我国个人投资者在股票或基金投资中普遍存在追涨杀跌现象。在一项对支付宝平台超过 2 万名个人投资者的调研中,35% 的受访者表示当损失超过 20% 时会考虑改变投资计划;而当收益超过 20% 时,近 50% 的受访者选择增持。在基金产生亏损的情况下,只能接受三个月以内亏损的投资者高达近 50%;86% 的投资者只能接受一年以内的亏损。

在政策引导长期资金进入资本市场、鼓励长期投资的大背景下,中国个人投资者投资短期化的特征会对个人、市场产生什么样的影响?

1. 短期化行为有损其投资收益,而长期投资有利于建立投资信心

截至 2021 年 3 月 31 日的 15 年中,股票类主动管理基金业绩指数累计涨幅高达 910.7%,年化收益率为 16.7%。而在同一时期,个人投资者的平均年化收益率仅为 8.9%。研究发现,个人投资公募基金的盈利水平和持仓时间呈正相关,交易越频繁则盈利水平越低。投资者获得的收益不及其购买的基金业绩,其中主要的原因是投资者频繁更换所持有的基金。

而另一个方面的证明来自上海高金与嘉信理财联合发布的年度《中国新富人群财富健康指数报告》。2021 年发布的数据显示,较早开始进行投资的新富人群普遍对于实现财务目标更有信心。在 2011 年之前就开始投资的受访者中,高达 42.8% 的人认为自己实现财务目标的可能性很大。相反,在 2015—2019 年间首次进行投资的新富人群中,持这一观点的受访者仅占 32.5%。对于近两年才开始投资的新富人群而言,这一数据更是低至 26.5%。

2. 个人投资者的短期化行为影响资本市场的资源配置功能和效率,出现传导效应

居民在投资金融产品时的普遍短期化行为(例如频繁申赎基金)会导致机构投资者为满足流动性需要而采用短期化的投资策略。许多基金保持较高的换手率以应对投资者频繁申赎,难以践行长期投资和价值投资的理念。另外,基金的波段操作导致大量资金短期内涌入某一热门板块,迅速推高板块整体价格,为市场稳定留下隐患。

短期化对于个人和市场而言都是有影响的,机构近年也一直在倡导长期化投资。但也需要意识到，改变个人投资者的短期化投资习惯不是一蹴而就能够实现的目标。它需要系统长期的投资者教育、市场从专业机构和产品渠道等方面的培育，以及一个高质量发展的资本市场所产生的财富效应来吸引个人投资者转向投资长期化。

令人欣喜的是，4月21日的会议同时提出了对资本市场高质量发展的一些建议。例如推进注册制改革，带动发行、上市、交易、持续监管等基础制度建设。全面推进资本市场在市场体系、上市公司、融资比例、中介机构、投资者构成等方面实现从规模扩张到质量提升的结构性转变。完善证券执法体制机制，构建行政执法、民事追偿、刑事惩戒的立体追责体系，并强化行政执法，严厉打击各种违法违规行为。以"不干预"为理念，激发市场生态活力，全力构建可预期、充分博弈、充分竞争的市场生态。只有资本市场健康发展，市场才能充分发挥资源配置的功能，优胜劣汰，长期投资才能产生财富效应，个人投资也就很自然愿意委托长期投资的专业机构或者在直接投资者长期持有，充分享受市场高质量发展的长期红利。

全面实行注册制后，我们的投资理财方式做好改变的准备了吗

2023 年 2 月 1 日，全面实行股票发行注册制改革正式启动。对于个人投资者而言，此次改革将对个人和家庭的投资理财产生什么影响？未来个人投资者应该如何应对？

2023 年 2 月 1 日，中国证监会就全面实行股票发行注册制主要制度规则向全社会公开征求意见，这意味着主板的核准制发行即将成为历史，我国股票市场将迎来全面注册制改革。本次改革主要针对沪深两市主板市场，借鉴科创板和创业板的注册制及其配套制度改革试点经验，以更加市场化为导向，推进我国最大的股票市场板块改革。

全面实行注册制之后，股票市场从结构上会发生什么变化？参考注册制试点下科创板、创业板的变化，预计主板在注册制之后在短期内能够迎来一波企业 IPO 快速增长期，主板上市公司有快速扩容的可能性，此后逐步稳定。而更加市场化的定价方式也可能破除此前 23 倍市盈率的限制，同时叠加上市前 5 日涨跌幅限制的取消，可以让投资者用脚投票，提高主板市场的价格发现效率。注册制下的上市公司的质地差距也会变大，通过退出机制优胜劣汰，但同时股票的交易价格的波动性也会普遍增加。

这些市场结构的变化对于个人和家庭的投资理财会产生什么影响，个人投资者应该如何应对？

总体来说，投资中国股票变得越来越难了。这对许多直接投资股票市场的个人而言，意味着投资理财方式可能会发生巨大的转变，需要考虑从直接转向间接的投资方式。

我们首先来看一组关于目前中国股票市场上投资者结构的数据。根据申万宏源发布的报告，2021 年一般个人投资者是 A 股最大的投资者类别，持有流通股比例达到 34%，产业资本紧随其后，持股占比 31.2%，专业投资者、个人大股东、政府持股比例分别达到 22.4%、7.2% 和 5.3%。中证登数据显示，2021

年新增自然人投资者数量达到 1 958 万人，较 2020 年提升 9%，在历史上仅低于 2015 年。随着一般个人投资者加速入市，2021 年其持股市值达到 25.6 万亿元，占比位居第一。这些数据都说明了我国投资者结构的最大特点就是直接参与度高，也就是所谓的散户多。

股票市场的全面注册制来临，标的增加、定价市场化、波动增加等市场结构上变化的背后，都隐含着对投资能力更高的要求。对于以直接投资股票作为理财手段的个人投资者而言，投资难度和不确定性同时大幅增加了。个人投资者相较于交易对手——机构投资者，在信息获取、研究能力、资金量、执行纪律等方面的差距也会变得更加明显。简而言之，注册制的推出从长远来看对市场的健康发展有利，但对于以直接投资为手段的个体散户而言，应该不算是一个好消息。在披露准确程度、财务造假的惩罚力度、退市制度、中小投资者保护等制度得以完善之前，个人投资者在股票市场中的博弈会显得更为艰难。

要应对这些挑战，最有效的方式是从直接投资方式向委托投资方式转变，即通过公募基金、私募基金等机构投资者间接参与股票市场投资。其实近几年，偏股型公募基金规模保持高速增长，公募基金稳居最大专业投资机构位置。2021 年公募基金规模首次突破 20 万亿元，一举达到 25.6 万亿元，连续第二年增速超过 20%。也说明个人投资者委托专业机构投资的意愿在逐步增强。注册制的全面推行奠定了市场良性循环的基础，中国股市也许会迎来"长牛"的新时代。未来可期的大前提下，选择专业的投资方式更容易获得满意的回报，享受到股市改革的红利。

在确定了委托专业机构投资的间接投资方式之后，如何在众多的基金产品中进行选择，如何根据自己的需求进行配置，成为个人和家庭理财的另一个重要话题。结合这两年基金投顾业务的试点和启航，全面转向注册制的时点也许也是个人和家庭尝试投顾业务，转向更有效的委托理财方式的重要切入点。但是，对于很多投资者来说，对投顾业务在个人理财中的价值的理解仍有待提升。根据上海高级金融学院与嘉信理财共同发布的《2022 中国新富人群财富健康指数》报告，只有 23.0% 的受访者关心投资顾问是否会在为其提供财富管理建议前先聆听自己的想法和需求。而在付费的方面，在表示愿意为投资顾问付费的新富人群中，仍有 29.9% 的人认为应从投资产品收益中抽取佣金，而顾问服务本身应该免费。这种将投资顾问服务理解为产品的想法与投顾的价值仍存在较大的偏差。就个人投资者而言，建议可以多了解和体验投顾服务的价值，从而找到可以长期陪伴、理念契合、满足个人理财目标和财务规划需求的伙伴。

　　注册制改革的影响是长期而深远的，资本市场的变化经过直接或间接的传导，终究会具象为对每一个参与金融理财的个人和家庭的影响。个人与家庭理财也将随着市场的成熟、社会环境的变化而更加专业化和长期化。

第四章
基金投资

从 1998 年 3 月起步,我国公募基金行业在过去 25 年经历了波澜壮阔的发展历程。这句话,从投资者的角度,就可以理解为过去 25 年中经历过基金起伏变化的惊涛骇浪。

中国的新富人群或多或少都有些公募基金的投资经验,至少从支付宝推出余额宝之后货币基金也有过尝试。互联网理财平台、手机银行理财普及之后,公募基金的购买更加方便,产品数量也日益增加。

值得一提的是,在公募基金这个海外中产标配的资产配别中,中国居民的投资体验却并不一定很好。2021 年 10 月中国证券报联合三家颇具规模的公募基金公司,发布了《公募权益类基金投资者盈利洞察报告》,其核心在于用数据证明了"基金赚钱基民不赚钱"的问题。围绕着这个问题,我们结合近几年发生的基金圈热点事件,例如基金"饭圈化"等现象,对中国居民的基金投资的现状进行了系列讨论,给大家一些参考。

洞悉基金火爆背后的原因

股票市场活跃相伴的是股票基金销售的火爆。本文将从中美两国居民投资者在购买股票类基金产品时的行为比较着手,讨论中国基金投资者的行为特征,以及这些特征如何影响决策。

股票市场活跃相伴的是股票基金销售的火爆。例如 2019 年中国股票市场活跃的时候,部分基金甚至在半日之内便可以募集上百亿资金。例如"鹏华匠心精选混合基金"募集资金达到 1 300 亿元人民币,成为中国证券市场近 10 年来首日申购额度最大的混合基金。由于基金设定的募集上限为 300 亿元,可以推测该基金最终的配售比例或不足 30%。

基金火爆行情可以解读为:一方面,中国居民投资者在经历了数次深刻的市场教育之后,越来越认识到专业投资机构的力量,也乐意将资产交给专业的机构来打理;另一方面,居民投资者认为部分产品因为基金经理的口碑好、历史业绩优异,更值得追捧。

本文首先通过比较中美两国居民投资者在购买股票类基金产品时的行为异同,讨论中国基金投资者有些什么行为特征;随后探讨这些特征如何影响其决策,以帮助我们更好地理解基金火爆背后的原因。

2020 年,金融学国际顶级期刊《金融期刊》(*Journal of Finance*)上发表了一篇针对美国居民样本进行研究的文章。在参与问卷调查的 1 000 多位受访者中,大约 59% 的受访者通过共同基金或者主动基金方式配置了股票类资产,其中男性受访者配置比例更高。同时,随着年龄加大,越来越多的受访者配置了股票类资产。其中,学历越高的受访者通过基金配置或者直接参与购买股票的比例越高。退休是影响美国居民资产配置策略的一大重要时间节点,年龄越大的投资者持有股票的比例越高。此外,大部分美国居民的投资目标是战胜长期通胀。

在类似的时间范围,中国证券基金业协会也于 2018 年发布了《基金个人投资者投资情况调查问卷(2018 年度)分析报告》,通过对 40 573 份问卷的调查,将中国的基金投资者进行了画像:中国的基金投资者大约 78.4%处于 45 岁以下,本科以上学历的基金投资者占比大约为 60%,基金投资者男女比例大致相当。从投资类型来看,股票型基金是中国基金投资者的首选基金品种。中国的基金投资者对于基金的预期收益期望值比较高,大约 42%的投资者希望基金的预期收益在 10%~30%。有趣的是,90%的受访者认为自己的金融素养(远)高于或等于周边同龄人的平均水平。

中美居民基金投资者部分特征相似

1. 投资者的学历背景

从中美两国在相似时间段的调研数据来看,高学历是两国股票基金投资者的共同代名词,本科以上学历的投资者在两国基金投资者之中的占比都在 60%左右。对于这样的结果,我们可以从两个方面进行解读:其一,由于股票的风险较现金、债券等其他金融资产更高,需要更多知识储备和系统理解才能完成投资行为,这样的结果便是不论在中国还是美国,高学历者配置股票的比例大于低学历者;其二,高学历者一般收入也比中低学历者要高,更容易有生活积蓄用于股票市场投资。

2. 基金选择的标准

根据中国基金业协会 2018 年的调研报告,中国投资者在购买基金的时候,基金公司的历史业绩是他们最看中的选择标准,大概 60%的投资者认为这是首要标准。调研报告还发现,样本之中有接近 1/3 的投资者会在大盘上涨或者基金表现抢眼的时候购买基金。此外,宣传和信任关系推荐也是获得基金信息的主要方式。

这些特征和美国的居民投资者类似。美国基民将身边信任关系的产品推荐和该基金产品的过往业绩作为他们选择资产配置的重要因素,因为他们相信主动基金的基金经理有更优秀的选股能力,而过往的业绩就是优秀选股能力的证据。

很遗憾,与基民的期待刚好相反,金融研究普遍发现,一支基金的历史业绩很难成为预测其未来业绩的指标。比如说,学术研究将所有基金按照历史 5 年业绩高低进行分组后,发现各组基金的未来5年业绩基本趋同。在更短的时间段,每一年被排在前十名的基金基本上在第二年很难在前十中找到其身影;一支基金能够连续两年都被列入前十名的概率微乎其微。

不仅仅是基金投资,中国居民在大部分的金融产品投资决策中也都特别依赖产品的过往业绩。上海高级金融学院与美国嘉信理财联合发布的《2019年中国新富人群财富健康指数》报告中提到这样的一个发现:"当投资达到预期收益的时候,约67%的受访者会选择增加该资产的持有比例。"这和根据基金历史业绩选择基金的逻辑是类似的。这个现象说明中国居民在做投资决策中可能受到"代表性偏差"心理的影响,也就是说我们往往会对那些明显的、直观的、好理解的、抓人眼球的数据或者信息(如产品的历史业绩)特别关注,但对一些具体的、实在的、有科学性的信息往往置若罔闻。

对于大部分的居民投资者而言,因为理财经验和技巧的不足,在选择基金的问题上除了身边信任关系的推荐和产品过往业绩之外,确实没有其他更加有效的方法进行判断。但是,居民投资者也应该明白,基金的历史业绩并非唯一的选择标准,投资者应该试图通过自己学习或专业人士的支持去了解基金经理的策略和风控手段,也就是基金是如何盈利的,它采用的策略是否和当前市场的环境相兼容,以及如何管理投资中的风险等问题。

部分基金投资者特征差异明显

1. 投资者平均年龄

在某些领域,中美居民投资者的差异还是比较大的。首先,中美基民的年龄有一定的差异。在美国约60%以上的股票投资者(这里指直接购买股票或者通过基金参与股票投资)年龄大于40岁,而在中国60%的股民平均年龄小于40岁(数据源于《证券时报》2019年3月的一项调研),甚至有75%的中国基金投资者年龄不足45岁。年龄的反差可以理解为中国大部分中小投资者可能拥有较少的资本市场投资经历。结合中国市场"牛短熊长"的现实情况以及目前远超美国证券市场的交易换手率情况来看,相对年轻、缺乏经验但又交易频繁的国内投资者很容易因为股票市场的大幅波动而产生亏损。

此外,根据生命周期理论,40岁以下的年轻人有更多需要生活支出的场合，与40岁以上的投资人相比，可能会面对更多的资金支出压力。该群体如果大量持有股票仓位，会容易受到生活压力而抛售股票，从而无法通过长期持有股票获得投资回报。

2. 投资者的财务目标

《金融期刊》的研究发现，美国居民配置股票类资产的主要财务规划是长期战胜通货膨胀。但是从中国的基金个人投资者调查问卷来看，中国的基民主要财务规划还是捕捉资产价格上涨的超额收益。与这样的目标相印证的是，中国的基金投资者购买基金（主要是股票型基金和混合型基金）呈现严重的追涨杀跌情况。根据某支主题基金的平台交易数据分析，该基金复权净值最高点出现单日最高申购，而该基金单日复权跌幅最大日则出现了单日最大赎回的现象。

因为财务目标的差异，中国基民平均持仓时间也远低于美国基民的持仓时间。持仓时间短、交易频繁的现象同时发生，导致基金投资者的收益远低于基金自然净值涨幅。根据中国基金业协会的调研报告，一半的中国基金投资者持有单只基金时间不足一年，大约75%的基金投资者持有单只基金不足3年（该数据并未区分货币基金与股票基金）。由于中国股票市场的波动性，追涨杀跌的投资者收益远远低于长期持有资产的投资者。出于捕捉超额收益的目的入场的投资者最终回报更低，甚至亏损。

提升个人金融素养，收获更好的投资回报

对比中国美国居民购买股票类基金的行为来看，随着中国资本的发展和积累，中国投资者在部分领域的画像与美国投资者类似，同时也有着相似的资产配置逻辑。中国的投资者开始逐渐成熟，转向专业机构，基金的热销便是一方面的佐证。

但是中美两国基金投资者在特征上还有一定的差异存在，主要体现在由于中国投资者平均年龄更低，缺乏市场风浪的洗礼，对于投资等财务规划还有一些不切实际的目标等原因，导致交易行为对市场产生噪音，加剧市场的波动，最终使自身承担投资风险。因此，我们需要根据目前中国年轻投资者为主的市场特点，进一步持续深化投资者教育，提升投资者的金融素养，使投资者减少投资噪音，从而长期推动股票市场稳定，帮助投资者获得更好的投资回报。

热销的明星基金真的值得被追捧吗

在基金市场中,一些热销的明星基金常常成为投资者追捧的对象。基金"头部化和明星化"现象是如何产生的? 个人投资者做出投资决策前,应该如何识别明星基金背后的真正价值?

2020 年,A 股的起伏震荡丝毫没有影响火爆的基金销售,特别是一批由明星基金经理执掌的新产品认购尤其活跃。8 月成立的几支百亿偏股混合型基金,包括富国成长策略募集 116.64 亿、南方景气驱动 114.98 亿、景顺长城竞争优势 111.73 亿、平安低碳经济 101.88 亿,以及最近截止的广发稳健回报混合基金 200 亿,均超过基金本身的募集上限。

基金销售火爆的同时,"头部化和明星化"现象日益显著,成为中国基金市场的一大特色。比如说,通过对"天天基金网"的检索,目前热门度排名最靠前的基金主要有以下几个特点:①近期业绩优良;②由优秀的明星基金经理执掌;③绝大部分都属于头部基金公司。另外,据我们对万得数据的统计,截至当前,2020 年股票型或者股票混合型基金发行了 9 000 亿元人民币左右的规模,共属于 100 多家基金管理公司。其中,排名前十的基金管理公司募集发行了 5 167 亿元人民币,占总募集资金比例的 56.8%。前十基金募资占比在 2016—2019 年分别为 51.6%、43%、65.6%、50.8%,说明近几年形成的一个集中趋势。很显然,新基金的募集总体上还是把握在大中型基金公司明星基金经理手上,马太效应显著;而一些小型基金公司则面临募集困难,想要弯道超车的难度越来越大。

对此,本文将探讨这些现象背后的形成原因及其对中小居民投资者投资决策的影响。在此基础上,本文将为中小居民投资者就如何选择基金提供建议。

基金"头部化和明星化"现象如何产生

首先,明星基金和明星基金家族并不是中国独特的"造星"产物,爆款明星基金现象在国外也非常普遍。在20世纪末期，对于美国和韩国资本市场的研究均证实：历史业绩优秀的明星基金在未来可以获得更多的资金流入。根据晨星基金评级的一项历史数据来看，一旦某基金被晨星基金评级从四星提升为五星，该基金的资金流入会显著增加；一旦某基金公司有基金被评为五星基金，该基金公司整体的资金流量也会得到增加。

对于一般的中小投资者而言，由于获取市场信息的方式有限，大多数人无法真正了解基金的投资策略，无法对变化的经济数据进行分析。因此，通过几个普遍而具有典型含义的指标来判断基金走势，进而做出适当的选择也是相对合理的逻辑。一般来说，历史业绩以及是否是明星基金（或者明星基金家族的基金）这样的直观、浅显、光鲜夺目的信息比较容易成为投资者参考的指标。一旦这些代表性的指标被锚定，中小投资者会对这些指标产生路径依赖，在行为上去购买指标较好的基金。这也是普通投资者目前在市场上选择基金最简单方便的形式。

同时，明星基金经理的作用以及某些基金经理是否具备超群的主动管理能力去创造超额收益等话题也历来为市场所讨论和研究。虽然美国市场的大量数据显示，主动管理基金在扣除管理费之后并未给投资者创造超额收益，但也有研究表明，在市场信息不对称较严重的新兴市场，主动管理基金依然有足够的能力创造超额收益。对于一般投资者而言，购买基金的本质目的是获取投资回报。在获得信息相近的前提条件下，近期取得超额收益的主动管理基金必然会吸引更多的投资者，从而进一步加剧中国基金市场的头部化和明星化现象。

因此可以说，大部分投资者选择基金的指标是相同的。中小居民投资者受到"羊群效应"的影响，容易出现扎堆投资明星基金以及明星基金家族的现象。

居民投资者如何识别明星基金

既然之前的证据表明明星基金更受市场青睐，基金公司出于自身的业绩需要必然有动机创造明星基金，因此可能会产生一些和投资者的利益冲突。对于中小居民投资者而言，在做出投资决策前是否还有其他信息需要了解呢？

针对基金公司创造明星基金的动机，一些基于历史数据的研究发现，如果一个基金管理公司旗下的基金业绩水平参差不齐且收益率差异非常大，该公司最有动机创造明星基金,以期通过明星基金的宣传推广带动基金公司家族内其他基金的销售。2020 年,A 股市场上有不少基金公司凭借部分优秀的明星基金经理,在新基金发行市场中为整个公司获得更多的份额。2020 年全年,易方达、汇添富新发基金募集规模超两千亿元,另有 6 家基金公司新发基金募集规模超千亿。

这个结果对我们中小居民投资者的启发是:我们在选择基金的时候不能仅仅看基金公司某支产品的历史业绩,还需要将该公司旗下的其他基金历史业绩进行对比研究,如果仅仅只有部分基金"光鲜夺目",我们需要考虑一下是否可以多选择几家基金公司进行对比,挑选整体业绩比较好的那一家。

其次,目前全球主流的研究显示,基金公司主动管理能力是存在边界的。一旦相似的投资交易策略在市场上容量达到饱和的时候,该投资交易策略长期的超额收益水平将收敛趋零。因此,一支基金的管理规模过大对于投资人而言也并不是一件好事。从收益的角度来看,中小居民投资者也无须过度追捧管理规模在上百亿以上的航母级基金。

此外,一项对于历史交易数据的研究发现,中国市场在牛市以及估值接近阶段性高点的时期基金更加热销。一方面,中国的居民投资者在投资中具有比较明显的追涨杀跌特征,喜欢在某类投资品市场火热的时候持续追捧该投资品。上海交通大学上海高级金融学院与美国嘉信理财联合发布的《2019 年中国新富人群财富健康指数》报告显示,当投资达到预期收益的时候,约 67% 的受访者会选择增加该资产的持有比例。另一方面,当市场进入牛市或者达到阶段性高点时,任何一支基金的当期业绩水平都会比较好,使得投资者难以分辨每一只基金的差异。实际上,无论对于中国还是美国资本市场的研究都发现,当年的"冠军基金"在第二年的排名往往都是靠后的,这些冠军基金在一个较长的投资时间内并不一定能持续战胜市场。

另一项研究表明,中国有相当数量的股票型基金是"抱团取暖"的伪主动管理基金,这一现象在同一个基金管理公司之中非常容易出现。"抱团取暖"的伪主动管理基金扎堆出现实际上是对于中小居民投资者的不尊重,他们收取了更高比例的管理费,却没有提供相应的主动管理服务。因此,我们建议中小居民投资者在选择基金时关注该基金公司的家族内其他基金在投资策略和投资持股上是否十分相似，减少用"主动管理"的费率购买"被动抱团"基金的概率，这其实也是一种长期的投资者保护。

居民投资者在了解明星基金诞生的原因以及背后并不为我们所熟知的市场信息之后，可以从更加全面的角度理解如何选择明星基金。这也可以增加投资者教育的机会，帮助居民投资者提升自身的金融素养，从而获得更好的市场回报。

散户投资者知道自己为什么要买基金吗

2021 年 3 月 9 日深夜,支付宝·理财智库发布了"致投资者的一封信"。信中倡议,更应该相信专业的力量,给投资经验丰富、能力全面、回撤控制能力强的绩优基金经理更长的时间进行专业的运作,用时间换取投资增值。

2020 年,股票市场的火热催生了基金销售的热潮。部分"千亿"规模的明星基金销售火爆,甚至产生了"日光基"。

而 2021 年首月也成为载入公募基金史册的一个月份——在爆款基金频出的同时,该月创造了基金一天认购规模近 2 400 亿元的新纪录。

统计显示,2021 年 1 月国内各大基金公司集中成立发行了众多基金,其中广发基金和易方达基金的发行量独占鳌头。

广发基金发行基金 7 支,成立基金 6 支,规模达 645.24 亿元;易方达基金发行基金 7 支,成立基金 5 支,规模达 436.05 亿元,头部效应明显。

在这股基金销售热潮中,不乏一些非理性的投资现象。

有些投资者像炒股一样炒基金,追涨杀跌,频繁申赎;有些投资者不了解基金市场,认为投资基金无风险稳赚,甚至能一夜暴富,故而借钱买入基金;还有些投资者在基金收益好的时候盲目追捧明星经理,遇到净值下跌时则把基金经理骂上热搜。以至于一位蔡姓基金经理在微博上无奈地说:"希望大家理性买基金,不要赚了钱就叫我蔡总,亏了钱就叫我蔡狗。"

面对这些非理性行为,部分基金管理公司主动公开限购。央视财经也公开评论指出,任何一种投资都应建立在理性的基础上。

当前资本市场中出现的基金投资狂热现象值得警惕和深思。事实上,这股"基金热"的背后有一个我们长期忽略的问题,那就是基金投资的适配性。

"基金销售热"背后的原因

财富效应是催生"基金销售热"的一大重要原因。

简单来说，财富效应是指当人们所持有的财富增长时，其消费的欲望也会随之上涨。

如下图所示，我们将同一时间范围内沪深 300 指数的走势与百度指数中"基金"这一关键词的热度进行对比后发现，股指的涨幅与"基金"一词的检索量呈正相关。

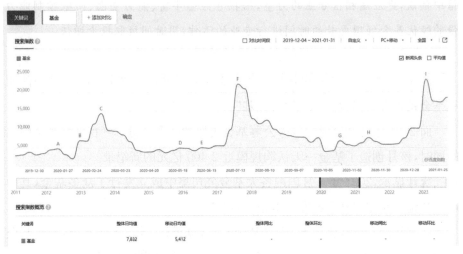

▲百度趋势研究，检索词：基金

▲沪深 300 走势

这说明,在财富效应的影响下,投资者会在股指上涨时提振投资信心,从而引发基金销售火热。

无独有偶,金融学界也有研究证实,基金公司往往会选择在股市达到阶段性热度时发行基金。这是由于之前的股市上涨会使基金业绩变得更为靓丽,从而更好地吸引投资者购买。

我们为什么要买基金

中国资本市场的"基金销售热"中还存在这样一个现象:中小散户的基金投资行为与炒股类似,他们会试图依据基金的近期业绩对购买基金进行择时操作。

大量基金公司的研究数据发现,中小投资者持有基金的平均时间非常短,且投资过程中存在追涨杀跌的现象。

学术界将这种单纯因追逐历史业绩而流入基金的资金称为"傻钱"(dumb money)。

而从长期走势来看,许多基金全年收益可观,但那些追涨杀跌的投资者却连零头都没有赚到。

在这一现象的背后隐藏着这样一个事实:许多投资者并不清楚自己为什么要购买基金。

我们购买基金是出于对专业团队的信任,委托其对我们的资产进行管理。购买股票基金的前提是我们没有足够的能力或时间对股票进行筛选、投资和管理,因而委托基金经理代劳。

然而,当我们频繁地更换自己所投资的基金,并且择时买卖基金时,是否违背了投资基金的初衷?

一般而言,股票型基金属于证券市场的"中长期投资者"。其投资回报来源主要是时间平滑后的复利。而短期的追涨杀跌行为只会导致时间平滑投资回报的作用消失。

财富管理业界曾以"卖鸡人与卖蛋人"作为比喻,形象地描述了长期投资者和非长期投资者的差别。

关注市场价格的非长期投资者更像"卖鸡人",他们养鸡的目的是把鸡在市场上卖个好价钱。由于市场价格的波动会直接影响他们卖鸡的收益，因此他们更加关注短期内鸡的价格变化。

而长期投资者则更类似于"卖蛋人"，他们养鸡的目的是卖出尽可能多的鸡蛋。市场上鸡的价格波动并不会直接影响鸡蛋的产量。当鸡的价格下跌时，"卖蛋人"反而可以买入更多的鸡用来下蛋。因此，卖蛋人期待鸡的价格是下跌的，因为这可以帮助他们提升产量。

在理解了"卖鸡人和卖蛋人"的故事，我们方能更好地判断自己购买基金的目的是不是与基金公司建立基金的初衷和理念相匹配。

从"卖蛋人"角度出发，投资基金的主要收益来源是股票分红和长期市场投资回报，因而短期股票快速上涨未见得是好事。

但如果我们以"卖鸡人"的立场去投资基金，就必然会与基金公司的长期投资思维产生冲突，也难免会导致"基金收益好就追捧明星经理，净值下跌则把基金经理骂上热搜"的现象出现。

投资目的和基金产品的适配性

基民对于基金经理的情绪化评价背后是部分投资者的投资目的和基金产品特性的不匹配。

换言之，如果我们以"卖鸡人"思维进行投资，最适合我们的投资策略是亲自操盘股票；相反，如果我们选择购买基金进行委托投资，我们应该转变思维，做一个"卖蛋人"。

在谈到投资适配性时，我们往往只关心产品的风险等级与客户的承受能力是否匹配，却忽略了自身的投资目的与产品本身的特性是否匹配。这一盲点体现了国内中小投资者的金融素养有待提升。

2020 年 11 月，嘉信理财与上海高级金融学院联合发布了《2020 年中国新富人群财富健康指数》报告。其中一项研究内容为中国新富人群的金融素养。

受访者需要回答三道涉及复利、通胀与利率的关系，以及分散化投资的金融学基本问题。结果显示，仅有 19.5%的受访者能够全部答对。

其中，关于"分散化投资"的问题（即"购买单一股票是否比购买一支基金更加安全？"）正确率仅为 53%。

当前，随着长期资金入市的步伐加快，短期投资者和长期投资者的投资理念冲突会持续存在。

中小投资者若无法正确选择与自己的投资目的相适配的金融产品，会使其无法实现自己的投资目标。市场上对于基金经理的极端情绪化评价也只会越来越多。

因此，我们呼吁广大投资者在做出投资决策前首先将自己的投资目标、投资周期与基金产品的特性进行有效匹配，从而消除投资者和基金管理者之间的个体博弈，实现市场参与者的多方共赢。

第五章
资产配置

　　资产配置是指根据投资需求将投资资金在不同资产类别之间进行分配。通常投资者根据其风险偏好和投资期限来分配资金在不同的资产,如在低风险、低收益证券与高风险、高收益证券之间进行分配,以形成专属的投资资产组合。资产配置多元化是投资中唯一的免费午餐。从此关于家庭资产配置的重要性成为热议的话题,许多西方的实践都证明资产配置可以助益中产家庭的财富健康。

　　那么资产配置在中国可以行得通吗?如果可以行得通,我们是否应该做资产配置,如何配置资产、配置哪些资产才能更好地保全财富实现资产的保值增值?这个章节中,我们观察了新冠疫情对不同资产配置的居民的影响,也探讨了能源类资产的配置,以及市场变化稳健理财不稳健的时候,资产配置的去向。

新富人群该如何配置资产保全财富

新富人群的财富管理面临着国际地缘政治的急剧变化、中国经济结构转型、市场环境的不确定性的严峻挑战，如何避免资产缩水成为他们最新的焦虑源头之一。

就主要的投资渠道而言，股票市场波动较大，个人投资者在市场频繁的风格切换中显得无所适从。房产面临一线城市之外价格越来越大的下行压力，此外，理财产品的收益率逐渐走低。可以说，中国新富人群们即将面临"投资无门"的尴尬境地。如果赚钱太难，那至少应该避免亏损，然而遗憾的是，从多项调查结果来看，新富人群在资产配置方面似乎还没有做好迎接困难时刻的准备。

"不要把鸡蛋放到同一个篮子"

"不要把鸡蛋放在同一个篮子里"被很多人视作配置个人资产的千金要诀，通俗地说就是千万不要将资金集中在某个单一的资产类别中。可事实上，这事儿说起来容易，做起来挺难。

2016年发布的《中国家庭金融资产配置风险报告》提到了中美家庭总资产配置的对比。数据显示，中国家庭将65%以上的资产都投资于房地产，其他的金融资产、工商业以及其他资产都各在10%左右的份额。相反，美国家庭的金融资产投资占比要远高于中国家庭，房产的投资比例仅为36%。

如果说房产增值的因素是中美家庭配置差异的主要原因，那通过中美家庭可投资资产配置的对比更能说明，中国家庭对于多元化资产配置的理解并不透彻。在可投资资产比例方面，中国家庭依然将投资性房地产作为主要的资产配置，比例高达71%。相反，美国家庭配置房产只有15%。除了房产，定期存款、债券、股票以及基金也是中国家庭的主要投资选择。

这些数据凸显了中美家庭一个十分重要的投资差异。很明显，中国家庭将绝大部分的鸡蛋（资产）都放在了房产这一个篮子中。这样配置的后果是，如果房地产市场出现下调的情况，中国家庭的资产和可投资资产都双双面临大幅缩水的尴尬局面。举个例子，在 2007 年到 2010 年这 3 年金融危机的高峰期，美国房地产大体下跌了 20% 左右，但中产阶级的财富平均缩水 39.8%，而同期美国最富的家庭财富在这 3 年平均增长 2%。为什么会有这样大的差别呢？最主要原因在于美国中产阶级家庭在次贷危机发生、房地产泡沫破灭之前，把主要的财富都放在了房地产上，并且采用住房按揭放杠杆，所以市场 20% 多的房价下跌通过杠杆效应，变成了财富缩水 40%。

相反，美国富裕的家庭财富往往配置多元化，除了投资房地产以外，更多的是投到股票、基金、债券，特别是固定收益的债券。这种分散投资使得这些最富裕的家庭财富不仅没有缩水，还上升了。多元投资成为金融危机中成功避险的首要策略。

"把鸡蛋放到不同的篮子，但不要把这些篮子都放在了同一辆车上"

进一步思考，即使你把鸡蛋放到不同的篮子，如果这些篮子都在同一辆车上，那和鸡蛋放在同一个篮子里，又有什么区别呢？无外乎是篮子的大小差异而已。

除了房产之外，中国家庭配置在持有国内的股票、债券以及基金的多头头寸，本质上就是放在同一辆车上的三个不同的篮子，因为他们的赚钱模式以及所需的市场条件是一致的。1999 年至 2008 年的全球投资收益周期表可以很明显地发现这一特性。

这张经典的投资收益表将大类资产分为股票类、债券类、房地产类以及分散组合，其中股票类中包括新兴市场、小盘股票、国际价值等等。不难发现，股票类具有"一荣俱荣、一损俱损"的明显特质。

在 2003 年至 2006 年时间内，无论是国际小盘、新兴市场还是大盘价值，都由于经济形势的向好而业绩喜人。其中，2003 年国际小盘收益率达到了 58%，2004 年以及 2005 年也都分别达到了 28% 和 24% 的收益率。另外，新兴市场的表现也相当抢眼，2003 年起连续 5 年名列市场收益的三甲。

但是到了 2008 年金融危机来临时，这些资产的收益则出现了大幅的下滑，当年新兴市场的收益率亏损 53%，国际小盘则是下跌了 47%，均接近腰斩。不难得出结论，如果在 2008 年，你将资产分散地投资在了房地产、小盘股、大盘股等各类资产中，效果就像是把鸡蛋分散到不同的篮子里，但这些篮子最终都被装上了同一辆滑向深渊的卡车。

1999-2008年大类资产的回报

1999	2000	2001	2002	2003	2004	2005	2006	2007	2008	最高回报
新兴市场 66%	大宗商品 32%	小盘价值 14%	大宗商品 26%	国际小盘 58%	房地产 33%	新兴市场 35%	房地产 36%	新兴市场 40%	固定资产 -3%	
国际大盘 27%	房地产 31%	房地产 12%	固定资产 10%	新兴市场 56%	国际小盘 28%	国际小盘 24%	新兴市场 32%	大宗商品 15%	小盘价值 -29%	
大宗商品 24%	小盘价值 10%	固定资产 4%	房地产 4%	小盘股票 47%	新兴市场 26%	大宗商品 21%	国际大盘 27%	国际大盘 11%	小盘股票 -34%	
小盘股票 21%	固定资产 9%	小盘股票 2%	新兴市场 -6%	小盘价值 46%	小盘价值 22%	大盘价值 14%	小盘价值 23%	固定资产 6%	大宗商品 -36%	
S&P指数 21%	大盘价值 7%	新兴市场 -2%	分散组合 -6%	国际大盘 39%	国际大盘 21%	分散组合 13%	大盘价值 22%	S&P指数 5%	分散组合 -36%	
分散组合 18%	分散组合 4%	分散组合 -4%	国际小盘 -10%	分散组合 37%	分散组合 19%	房地产 13%	分散组合 20%	分散组合 5%	大盘价值 -37%	
国际小盘 18%	小盘股票 -3%	大盘价值 -6%	小盘价值 -11%	房地产 36%	小盘股票 18%	大盘价值 7%	小盘股票 18%	国际小盘 2%	S&P指数 -37%	
大盘价值 7%	国际小盘 -9%	S&P指数 -12%	国际大盘 -16%	大盘价值 30%	大盘价值 16%	S&P指数 6%	国际小盘 17%	大盘价值 -1%	房地产 -39%	
固定资产 0%	S&P指数 -9%	国际小盘 -14%	大盘价值 -16%	S&P指数 29%	S&P指数 11%	小盘股票 5%	S&P指数 16%	小盘股票 -2%	国际大盘 -43%	
小盘价值 -1%	国际大盘 -14%	大宗商品 -20%	小盘股票 -20%	大宗商品 24%	大宗商品 9%	小盘价值 5%	固定资产 4%	小盘价值 -10%	国际小盘 -47%	最低回报
房地产 -3%	新兴市场 -31%	国际大盘 -21%	S&P指数 -22%	固定资产 7%	固定资产 1%	固定资产 2%	大宗商品 2%	房地产 -18%	新兴市场 -53%	

1999—2008 年投资收益周期表

资料来源：空间基金顾问（DFA）& 汤姆森金融公司

因此，多元化的效果其实最终取决于所配不同类资产之间的关联性。资产间的关联度越低，资产组合的多元化效果就越好。举例而言，股票以及债券的赚钱逻辑，都是公司盈利能力的增加以及估值的提升，这个因素被理解为回报驱动力。另一个影响股票以及债券的因素就是正常运行的市场条件。宏观经济的牛市是一荣俱荣，熊市则是一损俱损。这个因素被称为底层市场基准条件。这不难理解为什么在经济下行区间，股票亏钱，债市亏钱，甚至是其他投资如信托产品也会踩雷，因为我们的投资都在同一辆车上。

如何能够做到不把篮子放在同一辆车上

随着全球一体化进程的深入，能够完全互相不影响的投资标的几乎不存在。而中国新富人群能做的，就是尽量降低投资标的间的互相影响性。

首先，跨境、跨市场的投资是一大秘诀。

也许中国的资产和美国同类资产的收益驱动力是类似的，但两个国家保证这些收益的底层市场基准条件肯定不一样。比如说，就在中国 A 股处于水深火热之际，美国股市却勇攀新高，因为两个国家的宏观经济环境不一样。把资产同时配置到中国和美国的股市就能在一定程度上起到对冲的效果。

当然，全球资产配置策略也存在它现实情况的局限性，根据上海高级金融学院和嘉信理财 2018 年的一份调查报告，大量的中国新富人群对于海外资产配置存在"目前观望或不考虑"的态度，主要的原因在于"不了解相关信息""不敢尝试""资产在海外，风险难以控制"，以及"国家政策监管严格，前景不明朗"。

其次，寻求资产回报影响因素的多元化。

即使在同一个市场环境下，对于投资策略的多元化的选择也能达到分散投资、降低风险的效果。比如说，在 2008 年金融危机时，简单进行大类资产分散配置的投资组合达到了亏损 40% 以上。因为在危机当中，所有资产除了美国国债和国际债券之外，无一例外都在大幅下跌。但是，如果依据策略的收益驱动力进行多元化来设计组合，这样的效果要远比简单的大类资产分散配置好得多。比如说，即使我们将全部资产都配置在股票，但可以将其中部分配置在主动管理多头策略，另外资产在股票空头策略、股票市场中性以及全球宏观对冲策略之间进行合理分配。因为这些策略赖以盈利的回报驱动力各不相同，即使宏观经济环境恶化，躲过资产大幅缩水的概率则高得多。

总结而言，在多元化资产配置的时候，切记不是在不同的大类资产之间进行简单分配，而是要了解资产底层的收益逻辑和维持这些收益的必备市场环境，以此做好多元化配置。具体说，跨境、跨市场的资产配置，并寻求资产回报影响因素的多元化，这才是真正的多元化投资理念。

也许有人会说，多元化投资可能会导致我们在牛市的时候收益没有普通产品那么高。但在经济下行、共克时艰的时期，收益远非中产应该考虑的问题。目前，我们更应该关心的是风险，关心在系统性风险发生的时候，如何才能保全财富，熬过寒冬等待春天的来临。

疫情为中国家庭财富管理补上怎样的一课

新冠疫情突然来袭,给社会经济发展和居民家庭生活都带来了巨大的影响,同时也引发了不少对家庭财富管理和资产配置的思考。

2020年中国农历春节可能是我们所经历的最难忘春节之一了。新冠疫情突然来袭,武汉封城,全国大部分城市限制出行,给社会经济发展和居民家庭生活都带来了巨大的影响,同时也引发了不少对家庭财富管理和资产配置的思考。

提及家庭的财富管理,许多人首先想到的是理财、投资、养老等跟财务相关的概念。事实上,家庭财富管理不仅与财务相关,也有很多非财务的内容。就如同很多人在这次疫情中都发出过"健康才是最大财富"的感叹,新冠疫情也的确给中国的家庭财富管理补上了一课。

家庭日常生活财务方面的后疫情影响

这次新冠疫情对于家庭日常生活的财务有哪些影响,普通家庭又应该如何应对?

我们首先关注医疗费用和康养费用问题。这次国家对于新冠疫情所采取的防控措施是渐进式的,根据2020年1月23日宣布确诊新冠为"法定传染病",确诊人员的医疗费用由国家医保和财政兜底,无须个人承担。4天后,再次宣布疑似病例的医疗费用也由国家支付。这无疑给了新冠确诊和疑似病例极大的宽慰。但政策晚于最初疫情暴发的时间点,所以也有部分更早的患者无法享受免费医疗的覆盖。同时,因为集中暴发导致的医疗资源挤兑,许多患者无法及时确诊也需要先自费治疗。更进一步,因为国家政策只涵盖了确诊和疑似病例,密切接触者的检查费用根据地域不同也有差别。更重要的是,由于新冠疫情是前所未有的,新型病毒治疗方案也是在摸索中完善的,不排除出院后仍需要有康养费用的问题。

其次，如果说医疗和康养费用可能与患者息息相关，那么收入和后续财务损失可能更加与大部分人相关。为了尽快控制疫情，国内大部分地区采取了等级不同的限制出行、停工、停课等应急措施。对普通工薪及个体工商户家庭而言，有可能面临短期收入减少或无收入的情况，家庭现金流将面临考验。因此，给家庭带来的直接收入影响可能长达 2～6 个月，而大部分家庭的支出是相对固定的，考虑到部分家庭还有长期负债如房贷、车贷等，受到的影响会更明显。更严峻的是，许多中小微企业由于无法承受疫情期间的停工停业而面临生存危机，一旦传导至家庭，将会带来部分家庭的失业和较长期的收入减少等问题。

困局已在眼前，受到影响的普通家庭应该如何应对？我们常常讲家庭财富管理中需要关注长期规划和风险管理，本次疫情其实就是对家庭财务安全的一次全面体检。为应对像疫情这样难以预测的事件所带来的问题，建议大家未来做好以下几点：一是，配置适当的保险产品。即便无法被纳入国家免费医疗时，也可以补充社保费用的不足。二是，准备 3～6 个月的紧急备用现金。金额以每月家庭固定支出为计算标准，包含生活支出、房贷支出等。三是，关注家庭负债结构，做好意外发生的压力测试。

家庭资产配置的一次"压力测试"

日常生活财务之外，对许多现金流相对松动的中产家庭而言，这次新冠疫情也不啻为对家庭资产配置的一场大考。中国的家庭资产配置存在的普遍问题是过于集中，缺少多元化。

中国家庭的资产配置一个特点是在房产类资产的集中。上海高级金融学院和美国嘉信理财（高金—嘉信）发布的 2018 年《中国新富人群财富健康指数》调研数据发现，新富人群家庭房产固定资产占总资产的比例达到 60% 以上。这个配置呈上升趋势。而在 2019 年高金—嘉信的报告中显示，中国部分拥有富余资金的家庭，过去一年的投资组合中，房地产投资的占比由 25% 上升至 33%，并且有 45% 的受访者表示要在未来的财富规划中增加房地产的投资。疫情对房地产的冲击是明显的：2020 年 1 月，重点 18 城二手房成交量出现大幅减少，环比下降 38%，同比下降 27.3%。另外，许多新富人群在过去几年开始把投资在房地产上的组合从住宅性房地产转移到商业性房地产。很显然，这次的疫情中商业地产成为最受冲击的板块之一。可见，无论是普通家庭还是新富人群，家庭资产都会由于房地产配置过于集中而在这次疫情中受到影响。这并非此次疫情独有的现象，美国在 H1N1 疫情的第一个高峰期，受到影响最大的行业就有房地产，回撤达到 12.72%。

还有部分中产家庭的收入主要是依赖自有小微企业经营收入，其家庭的主要资产就是自由经营的小微企业，如餐馆、美容美发店、服装店、快递服务站点等。这些小微企业大多集中在第三产业的消费服务业，与 2003 年 SARS 时相比，第三产业在国民经济中的占比也明显是上升，对国民经济的贡献达到59.4%。由于疫情导致的经济停摆，第三产业中的零售、住宿餐饮、旅游、交通运输、快递物流等受到巨大的冲击。这些小微企业的现金流困境和倒闭潮势必影响到资产和收入主要集中在这些小微企业的家庭。

年后 A 股在经过短暂的调整后快速反弹，创业板甚至创新高。随着疫情的全球蔓延，在全球股市齐齐下跌的影响下，A 股也呈现出过山车似的行情。年后股市好转的财富效应使得饱受疫情之苦的普罗大众减轻了对疫情的过度关注。但是缺乏完全基本面改善支撑的股市上涨都是很难持续的，如果过于投机，将资产盲目集中在股市，追逐市场上涨，很可能会导致类似于 2015 年"牛市"泡沫破裂后带来的损害。投资者不该寄希望于集中资产在 A 股"抄底"疫情来博取短期超额收益。

总体而言，新冠疫情是对家庭投资组合的一次意外冲击，任何过度集中的资产配置都是致命的。缺乏多元化，也就缺乏应对突然的冲击影响的能力。所以这次疫情可以理解为一次对于中国家庭资产配置的大考，暴露了很多存在的配置问题。而应对策略就是多元化。比如说，过度投资在受疫情影响的行业如线下消费、餐饮、旅游等行业损失惨重，但如果分散，同时也投资在医疗、线上消费等行业可以对冲掉风险。疫情在某种程度上也唤醒了中国居民对风险保障的意识。标准普尔曾经做过一个调研，西方成熟的国家，平均家庭财富的 20%是放在林林总总的各类保险上的。而中国的家庭在保障型、基础型的资产配置上还远远没有达到理想水平，对于家庭资产的风险存在低估和误判。

家庭非财务方面的后疫情影响更值得关注

家庭财富管理中很重要的一部分是非财务的，比如人力资本、心理健康和家庭结构等。这次新冠疫情可能对后疫情的家庭非财务方面产生哪些影响呢？由于非财务的影响并不像财务影响一样直观，往往具有滞后性和隐蔽性，我们可以结合过往的案例经验来了解一下。

疫情后的心理健康是家庭面临的一个问题。以 SARS 为例，*Emerg Infect Dis* 2004 年的文章显示，在香港一家康复医院进行的一项调查中，约有 50% 的 SARS 康复患者表现出焦虑，而约 20% 的则表现出恐惧。一些康复患者显示出一些负面的心理影响，其中包括失眠和抑郁。一些重症患者无法摆脱抗击 SARS 的记忆，这些记忆破坏了他们的日常生活。这些社会心理问题可能是由于 SARS 药物（如利巴韦林和皮质类固醇）的并发症所致。服用这些药物的人会掉发，严重的记忆力减退，注意力不集中和沮丧，甚至还有一名从 SARS 中康复的香港医生试图自杀，因为药物并发症使他无法谋生。

除了 SARS 患者本身外，估计有 50% 的 SARS 患者家庭成员也出现了心理问题，包括沮丧、被污名化的感觉等。许多人难以入睡，不断哭泣。同时与 SARS 相关的负面信息增加了人们对其风险的感知，并导致了非理性的紧张或恐惧。

新冠疫情影响下，心理问题的凸显同样不容忽视。首先，和 20 年前的 SARS 相比，当前信息流动和传播更加便捷，导致许多情绪的传导速度更快范围更广。许多人会难以自控地不断刷微博和朋友圈关注疫情的各种信息而陷入信息疲惫导致心理失控。其次，对于疫情导致的死亡病例，由于疫病的特殊性，家人无法像正常亲人离世一样送别和祭奠，也没有办法正常获得亲友的劝慰和陪伴。因此比平常时期的亲人死亡所发生的哀伤反应将会更强烈和持续时间更久，导致的负面影响可能会更大。另外，前期医疗资源不足和应对经验的缺失，也加剧了许多疫区家庭和个人的绝望与恐惧。最后，其他社会现象导致的心理影响，例如医务人员和相关人员受到污名化和歧视也容易导致相关家庭出现愤怒、悲伤等情绪问题。

疫情也会影响到后疫情期的家庭关系。网上流传着一些段子，诸如，疫情结束要做的第一件事是什么？有网友答拯救餐饮业，包括海底捞、西贝和酸菜鱼。而另一个引人注目的答案是，离婚。灾难会导致离婚率变高吗？按照经济学的一个理论，婚姻存在分工。夫妻两个中有一个可以相对专心地工作赚取更高的收益,另外一人相对承担更多的家务劳动。疫情来临之后,分工的意义变得不那么大,因为收入降低,差距缩小甚至倒转。在这种情况下,可能会造成婚姻的不稳定。源自压力理论的观点认为,家庭矛盾在压力之下被放大,解决问题的难度增加,因此亲密关系受到挑战。而依附理论则认为,为了应对恐惧人们会选择依附另一人获得安全感从而促进亲密关系的发展。

但数据告诉我们,这两者未必是相互对立的。举个例子,有研究者利用中国 2000—2011 年四川省数据考察 2008 年汶川地震对结婚和离婚的影响,发现汶川地震次年,受灾地区的离婚率的确上升了,但是同期结婚率也上升了约两个百分点。无独有偶,查看 2003—2010 年婚姻数据可知,SARS 发生后的 2004 年结婚率和离婚率也是同时上升。由此可见,灾难的特殊情况可能会促使更多人认清自己的家庭关系和个体需求,从而更加坚定地采取行动,成为后续行为的催化剂,带来婚姻和亲密关系的变化。

对于普通家庭而言,应对非财务影响需要更加关注个人心理健康和家庭关系的稳定性。大家可以从以下几方面来入手:

首先,普通非疫区个人,适当限制信息的获取途径和获取时间,避免替代性创伤,在力所能及的范围内帮助需要的人,也会改善负面情绪。其次,疫区或疫情的当事人在感觉沮丧和悲伤时尽可能找到倾诉和宣泄的出口,找寻自我存在的价值和生活的美好意义,在需要时或出现异常哀伤反应时应及时求助专业机构进行心理干预。再次,社会良性引导,通过倡导正确的舆论环境和示范行为,尽量避免对医务人员和感染者污名化和歧视。最后,经济学中的个人压力成长模型认为,压力可以帮助我们提高自身的适应能力,家庭关系也是如此。将疫情带来的压力视作对家庭关系问题的检验,从而一起面对暴露的财务和非财务问题,也是家庭成员共同成长、成为彼此依靠的机会。积极地沟通、表达爱、相互鼓励、换位思考和分享感受也会有所帮助。

从乐观的角度,这次疫情的出现也许给中国的家庭财富管理补上了一节课,就像疫情逼着企业要迭代升级,寻找生存模式。疫情或许也能倒逼国人摒弃落后的家庭财富管理理念,迎接新的方法论和寻求更多专业人士的支持。

"时代的一粒灰,落在个人头上,就是一座山。"对家庭财富管理而言,我们只有精神物质两手准备,才有机会在疫情这座大山面前从容翻越。而当我们每越过一座山丘，就多一点远行的经验，帮助我们可以走得更远。祝愿每一个家庭都能做好风险防范和应对，在战胜疫情之后，还能收获更多关于家庭财富的思考。

普通投资者是否应该配置小众的理财产品

备受关注的"原油宝"事件将能源类资产这一原本专业且小众的投资类别推上了风口浪尖。本文将从能源类资产的特征入手,探讨居民家庭是否适合配置这一类型的资产,以及正确配置能源类资产的前提条件。

2020年上半年,布伦特原油价格下跌了60%,但这还不是故事的全部。北京时间4月20日晚,WTI原油期货价格一度暴跌至-40美元,这是人类历史上油价首次出现负值。被惊爆的不只是眼球,次日某银行宣布该行的"原油宝"纸原油产品按照负价格进行结算,导致投资者不仅本金亏完了,还可能倒欠银行200%的本金。愤怒的"原油宝"投资者质疑其巨额亏损是因为银行产品设计存在重大缺陷和存在玩忽职守的嫌疑,准备展开集体诉讼。

原本专业且小众,但瞬间变成街谈巷议的热点的能源类资产,对于居民家庭资产配置意味着什么?普通老百姓是否应该参与?如果要配置这类型的资产,我们应该怎么操作?

居民家庭是否应该配置小众的理财产品

从资产配置角度,投资自然资源如能源类资产,会给财富管理带来一些独特的优势。一方面,除了底层资产的不同,能源类产品具备独特的流动性以及收益实现形式。另一方面,能源类资产最大的特性是可以帮助追踪、抵御通货膨胀的风险。同时,能源类资产具有全球化交易的特征,在外汇管制情况下,能够在一定程度上实现全球资产的配置。这些属性使得配置能源类资产在个人投资组合中起到多元化,平衡预期的风险和收益的作用。

但是,这类资产实现利润的前提条件比较复杂,不但需要专业知识分析供需情况,侦测市场价格变化,同时长期的持有还可能产生额外的成本。配置这类资产如果不具备相应的风险管理能力,获利只能靠运气或者拼人品。因此,通常情况下,由于具有专业性、高波动性以及高杠杆等特点,通过能源商品期货方式投资并不适合普通家庭。

为什么居民家庭会参与小众的理财产品

实际上,放眼全球,自然资源属于另类投资范畴,本身就是非常小众的一类资产。根据美国基金理事会公布的一份 2018 年统计数据来看,其统计范围内管理 893 亿美元的 236 个私募、公募基金的资产配置中,包含石油的能源类自然资源资产仅仅占 4% 以下。根据瑞银、彭博等其他国际权威机构对于高净值人群以及超高净值人群历年资产配置的调查数据来看,包含石油的能源类自然资源的配置比例也都低于 5%。这些数据表明,大基金、高净值人士真正在能源类自然资源领域进行资产配置的比例,其实并不像我们所想象的那么大,更何况与这些投资者的资产规模相差甚远的普通老百姓。

也许因为石油以及相关的上下游加工产品在我们生活之中无处不在,百姓们对于油价的关注会超乎寻常,例如每一次汽油价格的调控,都会引起中国车主们的热议;中国石油的股票价格,也为所有股民提供各种各样的谈资;甚至发现此前受到疫情影响而价格暴涨的口罩加工原料,也是石油深加工产物。所以我们的直观感觉是:石油价格影响着我们方方面面的生活,因此我们都需要为石油产品的价格操心;剧烈的油价波动中或许我们也能够获利,实现创富。

居民家庭参与这些资产会导致什么结果

首先,普通人参与能源类资产配置的常见模式包括:投资国内上市能源企业的股票;购买底层资产不明的商品能源产品,例如国内交易的华宝油气基金实际上是以能源基金为名配置美国的石油能源类股票,完全无法锁定价格与风险;参与虚拟的期货外盘,这类虚拟外盘有很多本身就是一个虚假的诈骗机构;在没有商品实际需求的情况下大量购买多头期货,例如目前国内大量交易的"纸原油",实际上无法做到真正交割,在这样的情况下配置商品期货,很容易由于底层资产价格的大起大落造成资产配置的损失。

能源商品期货可以帮助投资者锁定远期的商品价格从而锁定风险。对于有生产性需求的实体机构而言,这也是商品期货存在的本源。当然,也可以通过商品期货的波动以及杠杆进行投机与套利交易,获得超额收益。但对于普通居民来说,他们既没有商品交货的实际需求,也没有平衡风险和收益的管理手段,同时缺乏套利交易的前提条件,最后所剩下的只有投机交易的动机。无论哪种目的,投资行为都应具备高度专业性,基于风险考量对投资进行动态管理。

由于幸存者偏差存在,人们往往对于期货创造财富的故事本身,对于迅速资本增值的印象更加深刻。心理学的理论认为个体往往对于分布处于尾端的小概率事件给予过度关注,导致普通人愿意参与小概率赌博事件。加上部分中国文化因素,国内普通居民在财富管理中,过度参与投机行为,而忽视资产配置的本源。当然,一旦商品期货价格剧烈波动,投资者就会损失惨重。购买"纸原油"产品意图"抄底"而遭受巨大损失的普通投资者是否可以扪心自问,自己在选择投资原油期货产品的动机是否有投机的成分? 是否有过度追求一夜暴富的意愿?

正确配置能源类资产需要什么技能

能源类资产风险管理核心在于商品的供求本身。以石油为例,市场需求量和社会生产能力直接决定价格走势,供大于求价格就会下跌,而供不应求价格则会上涨。因此对于供求的分析能力是能源类商品风险管理的核心能力,拥有专业的宏观经济分析团队是配置能源类商品的重要前提条件。

商品期货多头或者空头仓位需要通过交易平仓或者到期交割的方式变现。以原油为例,原油交割需要至指定的存放地,而物理存放是存在容量上限的,因此一旦市场上的多头或者空头仓位大量暴露,很容易产生瞬间供需的不平衡,从而造成商品价格的大起大落。因此,同时需要拥有快速分析相应的微观决策能力,才能抵御特殊事件造成的价格冲击。

配置商品期货还需要拥有具备交易能力的团队执行交易。优秀的交易团队需要通过市场进行检验,能够长期存活下来的交易团队更是少之又少。

"纸原油"的负结算价格更证明投资的复杂度,即使在普通投资者眼中高大专业的银行,他们似乎也不具备这样的市场信息分析以及价格交易能力。专业的产品策略可以抄袭,但是动态的分析能力是无法复制的。

投资能源类资产所需要的专业技能显示,不论是普通投资者还是高净值投资者甚至家族办公室这样的超高净值投资者,能源类资产的配置最好是通过外部专业投顾的形式参与，选择合适的团队。同时需要做好自身的策略性风险控制，在配置高风险、高杠杆的资产时候，需要充分考虑潜在的最大风险敞口。即使是套利交易行为也并非完全无风险的，"黑天鹅"事件（例如战争、扩产等）造成的瞬间价格的剧烈波动也会使得套利计算依据失效，从而导致风险控制失效，造成巨额损失。

对于居民家庭资产配置的建议

近期的商品价格波动对居民投资者也是一次深刻的市场教育，让投资者认清了商品期货价格的巨大波动性。由于商品期货市场存在大量的信息不对称，需要专业的分析能力才能识别的市场信息和风险，因此准入门槛非常高。普通居民不具备专业的能力，如果仅仅想通过参与这类高风险的投资实现财富增长，往往会事与愿违。所以，如果居民投资者没有商品的真实需求（即生产型企业的消费需求），并不建议配置这类型的产品。

如果出于平衡组合的风险与收益的动机，对于拥有一定资产规模或追求投资组合多元化的投资者可以考虑包括能源等自然资源类资产。但是，恰当的方式是应该通过具备投资能源类资产所需要的专业技能的团队的帮助下进行投资。很遗憾，大量普通人通过"原油宝"方式投资能源类产品的现象也说明，居民投资者仍然普遍缺乏使用专业人士的财务、投资咨询服务的意愿。上海高级金融学院—美国嘉信理财公司在2019年联合发布的"新富人群财富健康指数报告"发现，中国新富人群使用投资顾问的使用比例并不高，60%的受访者表示他们不会寻求投资顾问和服务。投资者教育仍然需要一个漫长的过程。

归根结底，让资产配置回归本源，减少不必要的投机，依靠专业人士的帮助，方能使得自然资源类资产的配置作用得到正确发挥。

当稳健理财也亏了，我们应该如何转变投资观念

在利率下行和刚兑打破的发展趋势下，传统的理财观念无疑正遭受巨大的冲击。面对市场新形势，投资者应当改变理财观念，重新思考未来的资产配置方向和策略，以更好地适应市场变化，应对投资挑战和机遇。

2020年起，很多人都觉得理财的"风向有变"：货币基金收益下行，债基出现较大波动，信托也屡见暴雷。

市场利率的下行以及金融监管政策的密集推出导致传统理财产品的收益和风险特征的变化给近期的居民理财带来了不小的挑战。

一方面，随着全球经济增长的放缓以及新冠疫情的影响，主要经济体均下调了国内的央行基准利率，零利率甚至负利率的脚步悄悄来临。

名义零利率和负利率，通常都是在经济形势很不乐观的时候采取的极端货币政策，对于我们生活的影响不言而喻。经济形势不好，收入自然受影响，存到银行的存款利息还是负数（扣除银行收取的管理费之后），收入相当于自动地减少了。

市场基准利率调低的同时影响到债券类产品的投资收益。据2019年瑞银全球财富管理对逾3 400名最富有投资者调查显示，由于负利率使得几乎所有债券类资产价格呈现非理性上涨，收益率下降，逾60%受访者决定减少债券购买。

国内基准利率下行对于居民一直以来青睐的固定收益类理财产品的影响也是明显的。比如说，以"余额宝"为代表的一批货币基金类产品的收益率一路走低，其中余额宝的年化收益率已经下滑到1.55%左右。

另一方面，近几年密集的金融监管政策不仅对金融市场产生了深远的影响，同时也逐渐从根本上改变居民的投资理财的理念和行为。

资管新规执行之前，银行理财和信托固收都是保本的，因为金融机构承担了所有的前端投资风险，这是为什么居民理财中大量配置这些产品的原因。

资管新规之后，银行理财产品要求以净值形式体现收益，部分低风险产品甚至由于近期的利率波动产生了阶段性净值下降的现象。比如说，截至 2020 年 6 月 3 日，招商银行代销产品"代销季季开 1 号"产品近 1 月年化收益率为 −4.42%，其单位净值也跌破成本价至 0.999 7 元。而同年 6 月 13 日，四川信托爆出产品无法兑付，资金窟窿高达 200 亿的新闻，更加直观地冲击了人们对于信托刚兑的认知。

这些变化使得传统以取得风险较低的固定收益作为投资目的的广大投资者感到不适，甚至有投资者对银行理财产品阶段性净值下降的现象进行了投诉。但这应该是资管新规打破刚兑后的常态，投资者越早接受，越早调整自己的投资行为越好。

资管新规要求银行理财从固定收益型转变为净值收益型，其本质是把风险交还给投资者，市场行情好的时候，理财收益增加；相反，若市场行情不好，则收益减少甚至出现亏损。

总体而言，传统理财产品的收益和风险特征的变化伴随着市场利率的下行和监管政策的变化而发生了变化，这要求居民投资者放弃"路径依赖"，重新思考自己熟悉的资产配置的理念和定位，接受新的挑战。

以下将为居民投资者应该如何应对挑战，做好自己的投资理财提供几点思路。

居民传统的理财观念需要改变

新形势的变化无疑是最好的投资者教育。习惯上，中国的居民投资者的风险偏好较低。

根据上海高级金融学院—美国嘉信理财 2019 年发布的"中国新富人群财富健康指数"研究报告中显示，即便是拥有正式财务规划的中产新富人群的可投资资产配比中，持有银行存款和现金的比例是 58%，加上可能存在刚兑的 2% 固收类债券，低风险资产的配置比例占到 60%。但伴随利率下行和刚兑打破的发展趋势，投资者的意识和风险偏好应该会迎来实质性的改变。

低利率，甚至是负利率的政策的本意是通过压低利率，进一步鼓励市场配置高风险资产。

因为高收益、低风险的银行和信托固收产品的刚兑逐步打破，曾经部分扭曲的理财产品终将逐步不复存在，对于居民投资者来说，是时候考虑未来将越来越多的资金配置于净值型、风险类的资产。

当然，相对于高净值人群而言，低收入人群的风险承受能力较低、对资产价格的敏感性较弱，他们很难接受通过风险资产配置来提高收入。但是，现实是利率下行的长期存在，低利率货币环境的结果可能对具备风险偏好的人群更加有利。

所以，居民投资者如果不能很好调整理财观念，沉迷于怀念历史的高银行存款利率和刚兑的固收信托产品，他们将不得不接受进一步扩大的"穷者越穷、富者越富"的社会收入分配差距。

居民投资者需要考虑资产配置

居民理财应该具备多元化配置的意识，重新思考未来的配置方向和策略。

我们需要从理念上认可在低利率的时代资产比存款更重要。随着利率继续下调，资产的价格会升高。按照传统的低风险产品配置理念，低风险固定收益产品利率越来越低，但直接影响我们生活质量的物价不仅没有降低，反而有可能升高，居民的实际收入下降。

居民理财的产品配置应该更多元化。对于未来的资产配置方向的考虑有几点：

第一，除了现金类资产，居民也应当对另一类重点配置的资产——房地产加以关注。房地产也许短期内很难回调，但通过房产价格上涨获取资产收益的特征可能会发生变化。

在一些人口基数大、具备刚需的地方，房子也是一种重要资产，它的价格也会随着利率下行而升高，但是像过往十年那样，房地产投资的高增长性也不复存在。

配置这类资产的居民应该接受除了房价上涨，同时依靠房产租金收入产生的持续现金流作为收益的一部分，这也是房产在未来的一部分价值。

第二，如果考虑配置固定收益类资产，可适度延长固收产品的投资期限。利率下行的长期趋势的考虑下，通过长期限锁定收益，降低利率下行风险。

　　第三，权益类资产的配置明显符合国家战略趋势。近几年密集的金融监管政策的推出带着明确的目标，就是"引导资金脱虚向实，推进经济转型"。明白国家战略目标，也就明白近期金融市场监管的重点。

　　一方面针对结构性存款、信托的从严政策加码。比如说，银保监会窗口指导股份制商业银行，压降结构性存款；同时要求各家信托公司压缩主动管理类融资信托规模。

　　但另一方面自2020年以来针对股票市场的红利不断释放。比如说，支持中概股回归的相关政策不断推出；创业板改革并试点注册制规则发布，深交所将开始受理创业板在审企业的首次公开发行股票、再融资和并购重组申请。这些政策的变化都彰显了国家层面对于股票市场的认可，再通过股票市场主导的资源配置帮助国家经济结构的转型。与此同时，权益类资产的配置也会在实现大目标的过程中受益，获得高于市场水平的收益。

　　长期以来，中国的居民家庭在权益类资产的配置比例相比发达市场来说处于一个较低的水平。但固定收益率下降已成长期趋势，势必会导致居民的配置部分从银行理财等转移至股票等权益性资产。

　　最起码，在出现低利率甚至负利率，债券收益越来越低的时候，拥有较好现金流的蓝筹公司，通过稳定的持股分红，发放股息，对于风险偏好较低的长期投资者来说，也是一种不错的类似于固定收益的现金流产品的投资。

　　总的来说，在利率下行的大环境下，资产将成为居民投资者未来理财的重点方向，我们要摒弃过去的过度配置现金和银行存款的传统；迎接刚性兑付打破的大趋势，学会面对银行理财产品和信托类产品的净值化；顺应国家战略发展的趋势，适度提高风险偏好，增加权益类资产的配置。我们只有学会适应市场环境的转变才能够在未来顺势而为，占据主动的优势。

中小投资者的"鸡蛋"究竟应不应该都放在"一个篮子"

诺贝尔经济学奖得主、美国经济学家詹姆斯·托宾曾说:"不要把鸡蛋放在一个篮子里",这一名言被许多人视作配置个人资产的千金要诀。而巴菲特则称:"分散投资是对无知的保护。"对普通投资者而言,"鸡蛋"究竟应不应该都放在"一个篮子"?

我们在做投资理财,特别是股票投资时,是否应该遵循"分散配置"策略?这是一个有争议的话题。金融学理论告诉我们"分散配置"可以降低风险,但同时可能伴随着收益下降。

支持"把鸡蛋都放到一个篮子,好好看好这个篮子"策略的观点喜欢拿巴菲特作为例子。巴菲特的一个公开策略就是"集中投资"。他曾说:"我们并不像大多数投资管理机构那么分散投资。与之相反,如果一项投资满足以下两个条件,我们可能将基金资产的40%投资于这一项目上:第一,评估决策依据的事实和推理的过程正确的概率非常高;第二,因各种因素变化导致投资内在价值大幅波动的概率非常低。"

偏好非充分分散的投资者其实并不少。耶鲁大学的James Choi教授于2020年发表的一项针对美国市场的研究结果显示,不少高净值人群在投资中并没有遵循充分分散配置的原则。该项研究对于1 662位可控支配金融资产在100万美元以上的投资者进行研究分析,其中有256位投资者在单一股票的配置超过了10%,占总受访者的15.4%。

那么,这部分高净值投资者为何不愿做到充分"分散配置"?这种策略行之有效的基础条件是什么?适合中国的普通投资者吗?

探究超额配置单一股票背后的逻辑

对于中小股票投资者来说,如果不清楚配置股票的逻辑而盲目集中持有一只股票,这样的行为与赌博无异。因此,了解高净值投资者产生这些行为的原因是我们最需要关注的。

1. 风险收益预期的匹配：收益足够高，风险足够低

并不是任何股票都可以超额配置。James Choi 教授的研究发现，收益足够高、风险足够低是产生超额配置单一股票的首要原因。该项研究旨在探究256 位投资者超额配置单一股票背后的原因。大多受访者表示，他们选择超额配置的原因是"我相信这只股票能比其他股票带来更高的收益（I believe this stock will give me higher returns on average than other stocks in the market）"以及"我相信投资这只股票比投资其他股票风险更低（I believe this stock will give me less risky returns than other stocks in the market）"。认同这两项观点的受访者占比分别达到了 45.7% 与 32.2%。由此可见，集中配置单一股票的主要原因还是风险、收益预期的匹配。

2. 对于被投资公司信息的深入理解

除去对于风险收益的预期，对于被投资公司信息全面深入的理解也是高净值投资者超额配置单一股票的重要原因。这一结论源自经典的"有效市场假说理论"。金融实验发现，与普通投资者相比，高净值投资者在信息获取、风险承受能力等方面都有一定的优势。根据有效市场假说理论，当市场处于"半有效市场"（即公司股票价格无法反映市场不知道的信息）或者"弱有效市场"（即公司股票价格只能反映历史信息）的状态时，信息优势往往可以带来超额收益。一系列的相关检验发现，无论是美国还是中国的证券市场目前都仍处于"半有效市场"的状态，因此信息优势是可以转化成超额收益的。当高净值投资者可以深入了解并分析出有效的市场信息，自然会集中投资某只单一股票。这个投资策略对于普通者的启发在于，如果没有充分的信息优势，集中配置单一股票就没有足够的逻辑支撑。

3. 分散配置股票型基金的投资回报不尽如人意

近年来，专业股票投资机构的市场份额越来越高，但股票型基金在扣除管理费之后能否为投资者创造超额收益仍然是一个广受争议的话题。大量研究普遍发现，在扣除管理费之后，股票型基金最终能为客户提供的超额回报为负，基金经理的投资能力仍然是有限的。在中国的资本市场上甚至会出现这样的现象：当年的收益冠军在第二年往往收益排名靠后，基金热销往往预示其接近

阶段性的高点。对于有信息优势的高净值投资者而言,如果资产管理机构提供的产品不能得到预期的回报,不如通过自身的信息优势以及投资渠道在某些风险收益预期比较明确的股票上进行超额配置。

了解"非充分分散"投资的要点

普通投资者投入资本市场主要为了取得更好的回报,这样的初心无可厚非。但是在做出投资决策之前,我们需要重点梳理以下两大超额配置单一股票的投资要点。

1. 市场信息

高净值投资者在拥有更多可供投资的金融资产的同时往往也雇用了专业团队为其提供金融顾问服务,深度挖掘市场信息。相比之下,很多不愿意雇用专业团队的普通投资者在这一点上往往处于劣势。若无法获取足够的市场信息,集中配置单一股票则无法为投资者带来超额收益。因此,普通投资者在做出投资决策前首先需要判断自己是否在某一领域拥有充分的研究或者相关的工作经历。若有,我们便可以在该领域运用自己的专业能力深入挖掘市场信息;若没有,我们则需要认真考虑集中配置某只股票的策略是否理智。

2. 投资时限

在针对美国证券市场的大量调研中,投资时限始终是美国普通投资者最关注的因素之一。投资时限的背后是基于"生命周期理论"所衍生出的人生长期财务规划。如果没有合适的投资时限,即使能够选择出优秀的股票,投资者也无法在合理的时间内获得超额收益。从 1926 年至 2007 年,美国大市值股票的平均年化收益为 12.3%,远高于美国 3.1% 的平均通胀率。但是在这 90 年间,这些大市值股票有数年出现负收益的情况,表现最差的一年甚至达到—40%。这说明我们在享受大市值股票超出市场表现的收益的同时,也必须承受价格波动的投资风险和时间成本。

以巴菲特投资入股的比亚迪为例,巴菲特旗下的 MidAmerican 在 2008 年以 8 港元的价格认购了 2.25 亿股的比亚迪 H 股,交易价格为 18 亿港元。到目前为止,这批股票的市值达到了 346 亿港元,该笔投资得到了 19 倍的回报,年复合回报率接近 30%。但是对于普通投资者来说,模仿巴菲特的集中投资策略，能够在 2008 年买入比亚迪并且一路持有到今天的又有多少呢？有时候，投资者不能长期持有某只股票并非是出于追涨杀跌的短期行为，而是为了应对生活中的各类需求（例如偿还房贷车贷、应对突发疾病等）来调动资金。因此，当我们想长期集中配置单一股票时，这笔投资所能提供相应回报的时限也非常重要。

普通投资者是否应该尝试"非充分分散"的策略

要回答这个问题，我们需要考虑以下几个问题。首先，我们的风险偏好是否与"非充分分散"策略的内在逻辑相匹配？其次，我们是否具备采取这种策略的基本条件，即对投资标的具备深度研究的能力和资源？再次，我们是否具备长期持有某个标的的意愿和能力？

截至目前，各项针对中国居民投资行为的研究均表明，中小投资者尚不具备上述的三大能力。上海高级金融学院与美国嘉信理财联合发布的《2019 年中国新富人群财富健康指数》中有两项有趣的发现：

第一，中国新富人群自认为其投资行为日趋谨慎，然而大部分新富人群的资产配置类型仍然较为激进，且在部分大类资产中的配置较为集中。换言之，新富人群对自身投资行为的认知与其实际采取的高风险投资行为相矛盾。这表明，我们在很多时候并不了解自身的风险偏好，在投资时无法做到知行合一。

第二，当他们所持有的股票收益达到 10% 以后，67% 的受访者会选择增持该股票。这说明投资者仍然存在追涨杀跌的行为，他们往往希望通过择时的方式（即希望寻找到一个最低的买点买入股票，最高的卖点卖出股票）进行投资，在短期内获得投资回报。

上述两项发现中所展现的中国投资者的行为特征均与"非充分分散"策略所需要的金融素养相违背。因此，中国居民在尝试"非充分分散"策略前首先应当提升自己的金融素养，培养个人的信息优势和长周期投资的意愿，进一步夯实自己的金融投资基础。

第六章
财务规划

　　财务规划是帮助个人或家庭有效利用财务资源,通过合理的财务安排,保持收支平衡,实现人生目标的综合过程。

　　我们可以把财务规划理解为实现人生财务目标的路径规划,正如日常生活中开车需要的地图导航。财务规划中的基础工具也许大同小异,但由于每个人每个家庭的财务目标不同基础不同,实现财务目标的路径、对于这些基础工具的使用方法和程度当然也有所差异。目标的不同也决定了我们去做财务规划时,评估规划方案是否成功的标准应该是满意程度而非是最优解。例如有的人群风险偏好较低,一旦有5%的亏损就睡不着觉,那么实现规划的工具就需要回避高波动的品种或者通过资产组合降低波动,而不是为了达到某个收益而一定要配置高波动的产品。

　　现实情况是,目前财务规划在中国并不普及。在本章节中,我们会一起来探讨为什么新富人群不愿意接受财务规划呢? 高收入的群体也需要规划吗? 我们目前的规划中应该以什么问题为重点? 希望也能对大家的财务规划有所启发。

为何大家不愿意接受财务规划

为什么很多人从来没有参与财务规划？即使有机会，他们也会放弃参与财务规划的服务呢？

在消费观念上，每个人都会受到诱惑。刚发了工资，是全都去买钟情已久的衣服，还是存起来为退休后打算？是享受当下多一点，还是为未来多存点，现在少花点呢？

我们在现实生活中，特别是在个人的长期财务决策上，同样也面临着这样的选择。

对于财务规划，大多数人心底都相信，应该请专业的人士，对未来的财务收支进行规划，而不是草草自行决断。但是在现状偏见和心理账户的双重影响下，能够切实有效地实行财务规划的中产人士，少之又少。

现状偏见指的是对于当下的过分看重。行为经济学家认为，在处理当前和未来的关系，人们往往更看重当下的利益，而对未来的收益评估相对比较低。

2017年诺贝尔奖获得者理查德·泰勒用一个隐喻来形容这种现状偏见：在任何时候一个人的内心之中都有两个自我，一个是具有前瞻性的计划者，一个是不顾一切只活在当下的行动者。而人真正的行为则是这两个自我的一个折中。也就是说，是计划者通过各种方式对行动者进行制衡的结果。

心理账户则导致人们在决策时往往会违背一些简单的经济运算法则，从而做出许多非理性的消费行为。因为心理账户的原因，人们将钱按目的分为薪水账户和养老金账户。一旦进行财务规划，势必要将一部分金额作为长期储蓄，计入养老金账户。虽然养老金账户金额在上升，但对于损失厌恶的人而言，他们不愿意看到自己的薪水账户出现下降。

个人的理财中，计划者应该采用什么方式对行动者进行制衡呢？很显然，详尽的财务规划（financial planning）是一种解决自我控制，对行动者进行制衡的手段。

财务规划是一种自我控制的手段

到底有多少人做了财务规划?

在笔者和嘉信理财合作的调研发现,中国新富人群普遍缺乏真正的财务规划。虽然大部分被访对象对他们目前的财务状况的看法是积极的,但他们通常忽略制定具体目标和现实时间表的必要性。

数据显示,38%受访者认为他们有明确的计划,从专业财务规划的角度,只有一小部分(8%)具备一个正式的财务规划。

然而,制定具体的目标和时间表可以确保投资者长期的财务健康。对于没有正式财务规划的投资者,只有41%认为他们有很高的机会达到他们的财务目标。这说明受访者并没有很大的把握可以实现财务目标,他们将"目标"解释为"愿望",能否实现"靠天"。

与没有财务规划的人相比,有一个正式的财务规划会显著改变其投资行为和结果。受访数据显示,对于那些有正式财务规划的人来说,相信他们会实现目标的比例上升到了75%,显然他们更有信心可以依靠自己的努力实现财务目标。

具有正式规划的人总体财务信心更高,持有更均衡、更合理的投资组合(如持有更少的现金和房产等),投资组合更加多样化(如持有更多股票和更倾向于投资外国投资产品等),使用更多的金融管理咨询服务,使用更多新的理财工具如手机银行、网上银行、机器人理财等。

但是,财务规划如何起到解决自我控制的目的? 我们首先从泰勒描述的现状偏见所造成的自我控制问题的一个案例说起。

你可以想象你被送到一个偏远的小木屋里野营,自己独自在那生活10天,在这10天之内,你只有10根能量棒来充饥。

对于你内心之中的计划者这个人格来说,肯定是每天吃一根能量棒,10天刚好吃完10根。但是行动者人格则不然,行动者活在当下,意味着他会想着吃能量棒,每天吃到自己吃不下,心满意足为止。

那么我们大脑中的计划者如何制衡行动者呢? 最好的办法是外在的承诺,比如有十个可编程的保管箱,把能量棒分别储存在十个箱子里面,设定好每天自动打开一个，然后丢掉管理员权限忘掉密码，那么行动者没有任何的办法，只能照办。对外的承诺是实现自我控制的手段，应用到投资中，一种承诺手段就是自动化交易，帮助人类对抗交易中的贪婪和恐惧。

而当没有外在承诺的时候，计划者就只能通过其他内在的方式来阻止行动者了。比如说，提高屈服于诱惑的成本，与自己打赌，为自己制定规则。如果违反了自己的规则将需要承担一定的惩罚。

所以，财务规划可以被认为是一种外在的承诺，帮助我们的计划者人格对抗行动者人格特有的惰性、满足于现状而忽视未来以及缺乏自我控制的手段。如果在财务规划中设定遵守和违反规划的奖惩机制，会增加对行动者约束的能力。同时，每当想起屈服于诱惑为未来不确定性带来影响而产生的"内疚感"，这会被视为一种额外成本，帮助提升抵御行动者诱惑的能力。

大家为何不愿意接受财务规划

那为什么很多人从来没有参与财务规划？即使有机会，他们也会放弃参与财务规划的服务呢？

除了投资者缺乏教育以及对这个领域的详细了解之外，另一个原因是人们不愿意改变现状，更倾向于保持现有的行为方式。这是之前谈到的现状偏见。

比如说，即使没有座位要求的情况下，我的很多学生上课的时候总是选择每次都坐在同一个座位上。

现状偏见也同样可以解释很多人在重要的金融决策方面都不太上心这一"怪异"现象上。

一项美国的调查发现，有58%的人在确定自己养老保险计划的缴存比例和投资方案上花费的时间不到一个小时。但大多数人却会花费比这更多的时间去挑选一副新网球拍、一件衣服。

其实这一现象也可以理解。客观分析，人们是知道自己应该去填表并加入养老金计划。但是因为填表过程非常繁琐，而养老金的收益又是几十年后的未来，那么和利用这段时间好好地休息娱乐相比，很多人就会"短视地"去选择休息和娱乐，而把填表这件事拖到几周以后。而等到了几周之后，自我控制问题再次延后了填表时间……明日复明日，很多人就一直在养老金计划之外了。

举个极端的例子,英国的养老金固定收益计划,不需要员工缴纳一分钱,而全部由雇主承担。员工所需要做的仅仅是加入这项计划而已,结果一份关于25项此类计划的调查数据显示,仅有51%的员工参加了养老保险计划。这与懒得拿支票去银行兑现的愚蠢行为,没有什么区别。

事实上,不接受财务规划,在某种角度上而言,是中产人群的心理因素在作祟,心理账户和现状偏见可以很好地解释这些现象。但是毋庸置疑,财务规划可以帮助增加中产对未来的自我控制力,也将会减少因为未来财富的不确定性而造成的中产焦虑。换而言之,只要克服自身的懒惰成为行动派,实现财务目标并非难事。

"高收入群体"也需要财务规划吗

"高收入群体"的财富信心主要建立在未来必将带来持续财富增长的信念之上，而没有得到专业的财务规划和科学的资产管理的有力支撑。

2021年出现了例如"996大户"互联网公司陆续开始"反内卷"，快手、字节跳动、美团优选、BOSS直聘等互联网企业相继宣布取消"大小周"（即隔周单休）现象，同时也有媒体报道大厂员工哭诉："要是取消'大小周'还不涨薪，真的揭不开锅了。没了6 000元一天的加班费，北京房贷都还不起。"

听起来有些匪夷所思，加班费一天6 000元，两天就是一名普通员工一个月的收入。可以推断出这位大厂员工薪酬本身就很可观，可能高达数万。而现在因为没有加班收入而难以承担房贷压力。这真的不是所谓的"凡尔赛"吗？

由高金和嘉信理财联合发布的《2020年中国新富人群财富健康指数》中也有一组有趣的数字：分别有14.7%和7%的中国新富人群曾有过信用卡和抵押贷款逾期还款的现象。这两个数字在月收入30 000元以上的人群中分别是23.7%和11.2%，远远地超过了平均值。收入增高，债务风险却没有下降。美国信用监测公司Experian的数据也显示，与资产较少的人相比，拥有10万美元或以上净资产的美国成年人更有可能背负信用卡债务。

以上两个例子都传达出一个核心信息：所谓的"高收入群体"，并没有掌握足够的财富管理技能来帮助其应对可能出现的财务危机。他们的财富信心大多来源于稳定的收入、良好的职业发展前景，以及对自身财务准备状况的认可。简而言之，这种自信主要建立在未来必将带来持续财富增长的信念之上，而没有得到专业的财务规划和科学的资产管理的有力支撑。

美国有机构总结过高收入人群经常犯的理财错误，例如储蓄率低、应急金不足、将购买房屋和房产投资混同、不够多元化、没有建立自动化的理财习惯等。这些问题目前正在中国的新富人群身上一一复现。

那么新富人群应该如何更好地通过财务规划达到更加稳定的财富管理状

态呢?

首先,充分梳理现金流。近日,中国人民银行金融消费权益保护局公布的《2021年消费者金融素养调查分析报告》显示,消费者金融素养水平总体上逐步提升。但是,在储蓄方面,过半受访者表示最近两年没有储蓄行为,有25%的人无法应对意外支出(相当于三倍月收入)。对于收入主要来源于工资薪金的人群而言,建议留有可覆盖4~6个月家庭总支出(包括房屋贷款这种长期、固定的支出)的备用金来应对收入出现波动或中断带来的问题。对于那些收入构成中不确定部分(如加班津贴)占比较高、收入波动较大的人群而言,尤其需要对备用金的准备提高重视。

其次,关注家庭负债比例,加强负债管理。新闻中提到,按照日薪推测,大厂员工因为取消了大小周而导致的收入减少约15%。而这直接导致使他们面临"无法还房贷"的情况,说明他们的债务比例较高,无法容忍现金流15%的下降。而这种情况也许并不是个例,可以从《2021年消费者金融素养调查分析报告》看到,在有贷款的消费者中,58.97%的受访者表示目前债务负担较轻,而33.72%表示负担较重,7.31%表示负担非常重,合计超四成的受访者表示负担较重和非常重。对于债务负担较重或者非常重的人群而言,15%的现金流下降,很有可能导致债务危机。

这也另一个问题,许多新富人群会将房屋购买和房屋投资混同。大多数人没有准确地意识到,购房会对未来的预算和财务状况产生深远影响。人们在购房时难免会陷入一种思维怪圈:如果我买得起这个,为什么不多花一点钱买另一个我更喜欢的呢?然后,他们通过告诉自己"这不是即时支出的消费,而是一项房地产投资"来证明他们的超支是合理的。诚然,我们需要一个居住场所,但如同我们需要吃饭一样,这并不能使食物成为一项投资。另外,有些人认为在资金出现紧张的时候可以很轻松卖掉房屋变现,或者在若干年后的某天,会从房屋投资中获得收益。但和20年前不同,我们很难理所应当地认为房地产市场一定会保持热度,甚至升值。因此,不要因为对房屋的升值预期而超预算地购买房屋,这反而会导致你承担超过安全水平的负债。

再次,控制消费,实现资产积累的自动化。所谓资产积累的自动化,是指用自动执行的扣款方式在消费前进行资产积累。在美国、中国大陆和中国香港地区,我们都普遍观察到"邻居攀比现象",即当人们在社交媒体上看到收入相近的人群"晒出"各种生活方式和消费开支时,会由于攀比心理而进行不必要的消费,导致个人日常开支不断上升。高收入不意味着高净值增长,而改变这一点的办法是做好预算,坚定执行,重点是坚持资产积累的自动化。"资产积累"不仅指存款,也包括基金、股票、黄金或者其他合理的理财标的,以定投、定存等自动执行扣款的方式实现"先储蓄后消费"。

最后,寻求专业顾问的帮助。高收入者往往因职场上的成功而对于自身有足够的自信,但专业领域的成功并不意味着在财富管理方面也同样专业。鉴于高收入群体的现金流和资产的复杂程度,他们往往更需要专业的投资顾问为其提供财务规划和资产管理等方面的意见。

以上这些建议可以归纳为金融素养的提升。这个概念也许比较抽象,但增加金融和理财的相关知识储备确实能帮助我们避免很多不必要的问题。金融素养的提升是循序渐进的过程,可以从学习财务规划入手,渐进地了解更多金融与财务知识,辅以专业顾问的咨询和帮助,从而逐渐实现理财的合理化,提升家庭财务的稳定性和抗风险能力。

以财务规划应对"多变"时代

很多人可能觉得意外事件导致个人债务危机的故事离自己很远,但新冠疫情的暴发和蔓延带来的冲击多少会给大家一些警醒。作为一个普通人,面对生活中的突发事件,应该如何应对意外给家庭带来的财务冲击?

新冠疫情的暴发和蔓延给普通老百姓的生活带来诸多不便,也对一般家庭的财务状况造成意想不到的冲击,比如因疫情防控导致家庭收入丧失或锐减,使得家庭财务陷入困境。很多人可能想知道,若受疫情影响面临信用卡债务、个人房贷等金融借款还款困难,能否以疫情为由减免部分债务?

上海高院《关于涉新冠肺炎疫情案件法律适用问题的系列问答之四》中对此类问题作了回答:"对于信用卡、个人住房贷款及其他金融借款、融资租赁、保理、典当、小额贷款等以金钱给付为内容的合同,一般不宜以疫情属不可抗力为由减轻或免除偿还欠款的责任。"简而言之,债务该还还是得还。

那如果还不上,怎么办?可能有人对 2022 年年初的新闻还有一点印象:1月,有媒体统计在阿里平台挂牌的法拍房数量从 2017 年的 9 000 多套飙升到 2021 年的 168 万套。这相当于在 4 年时间里,法拍房的数量翻了接近 187 倍。贷款还不上、断供、银行拍卖被抵押的房产,导致法拍房数量飙升。

之前很多人觉得意外事件导致断供的故事离自己很远,但这两年房地产行业收缩、K12 教培倾覆、疫情多点散发带来的餐饮服务业停工等事件可能多少会给大家一些警醒。

作为一个普通人,生活中难免会碰到新冠疫情之类的突发事件。那我们该如何应对意外给家庭带来的财务冲击呢?

从家庭理财的角度,最好的方法是做好财务规划,为生活中的意外冲击做好财务准备。上海高级金融学院与嘉信理财联合发布的《2021 年中国新富人群财富健康指数报告》中显示,自新冠疫情暴发以来,高达 98.0% 的新富人群在财务规划和资产管理方面采取了一系列新举措,为其对财务状况的乐观心态提供了有力支撑。

财务规划的好处是明显的，但我们也看到还是有很多人不关心或不接受财务规划。上述报告中，24.8%的受访者认为自己不需要财务规划，因为他们觉得很多外部事件是财务规划无法预测的，因此也无法提前规划。其实这样的想法是对财务规划的一种误解。

财务规划固然不能预测意外情况如疫情的发生，但是财务规划的目的并不是预测意外，而是规划意外发生后的应对方案，在风险发生时将风险对家庭财务造成的冲击降低至可接受的程度。换言之，是什么因素导致收入减少不重要，重要的是收入减少后我们是否有充足的"财务安全垫"而不致家庭整体陷入困境。而这种安全垫是可以通过财务规划去设计和安排的。例如，我们可以规划出短期收入减少后的应对方式，以减少其对家庭财务的影响，而不是穷尽每一种导致收入降低的意外。

那么应该遵循什么步骤做好财务规划，以应对意外事件的冲击呢？

首先是梳理自己的财务情况，包括对现金流情况和资产负债情况的全面梳理。大多数人了解自己的月收入，却对自己的开支不甚清楚。不了解自己的开支结构，在支出上就格外随意，月光甚至月中就光的年轻人也不在少数。而没有月度结余，就很难谈财富积累和风险应对。

梳理资产负债也相类似，负债往往不仅体现在资产负债表中，也影响着现金流。以房贷为例，影响家庭财务健康的不仅仅是贷款的数字本身，还更直观地体现在每个月需要还款的现金支出上。因此，梳理现金流、了解自己"需要"和"想要"的支出占比并找到优化空间，是我们进行财务规划的第一步。现在许多人都使用线上支付的方式，这其实反而让梳理现金流变得更加简单。我们不用再像以前那样每笔手动记账，只需要在自己常用的几个线上支付软件中提取月账单，分门别类归总一下，就可以看到自己哪些支出是"需要"的，哪些是"想要"的。

评估自己的财务现状，通常可以通过一些常见的指标来判断。例如家庭备用金的储备，需要应对3～6个月的日常开支（含房屋贷款还款额）；月度储蓄率，我们通常建议要保持在月度收入的30%；月度负债收入比，通常维持在30%以下，不能超过50%。通过这些类似指标，大家可以一目了然地知道自己财务状况有没有问题,哪里容易出问题。

规划、改善和调整。例如月光族可以通过梳理和评估找到月光的原因。有人是因为不必要的消费太多,那么先储蓄后消费的改善方式就比较适合;有人是因为月度负债太高、还款压力大,那就要考虑如何降低负债优化现金流,增加收入。改善和调整的前提是做好整体的规划,设立长期和短期的目标。在目标确定的前提下,对现有财务状况进行优化。

定期检验和更新。财务情况是随时变化的,职务变化、意外收入乃至继承和婚姻都会带来财务的改变,相应的规划也要及时调整与之相适应。包括这中间我们的理财投资情况是不是达到预期,下一步如何配置都需要定期检视和调整。

回到文章的开始,如果在房屋贷款还不上等意外来临时才开始考虑规划其实已是被动。规划的意义和优势更应该体现在"治未病"。例如在考虑购房和贷款前先考虑月度负债比例,在考虑首付款时预留一部分应急的月供款项,而对单一收入依赖程度越高的个人或家庭越要考虑收入中断带来的可能后果,避免盲目乐观。这些都需要我们不断加深对风险的认识,提升财务规划意识。

是时候做财务规划了。当经济增速放缓,钱没那么好赚的时候,做好财务规划认真对待自己的财富,可能会显得更加重要。

我们为个人养老做好准备了吗

　　伴随着中国社会人口老龄化问题，中国养老金制度一直被大家关注。2022年底个人养老金制度正式推出，将对于个人和金融市场带来哪些影响？

　　2023年1月17日的国新办新闻发布会上，国家统计局局长康义表示，中国总人口数已达峰值，并开始稍有下降。中国人口61年来首次负增长，同时意味着老龄化在中国成为必然的长期趋势。我们为自己的养老做好准备了吗？我们应该如何养老？

　　一直以来，我国的养老保险体系主要依赖基本养老金，也就是养老保险的第一支柱。根据人社部的统计数据，2021年末我国基本养老保险和社会保障基金合计规模9.3万亿元，在养老金三支柱中占比约67.2%。虽然基本养老保险覆盖率达90%以上，但社会对第一支柱的过度依赖导致养老金缺口日益增长，偏离了"基本保障"的定位，且退休人员的收入结构单一，存在一定的财务安全隐患。财政部公布的信息透露：基本养老金在2021年缺口达到7 000亿元。根据保险行业协会近期发布的中国养老金研究报告，这一缺口在未来十年将达到惊人的8万～10万亿元。

　　去年年底，备受瞩目的个人养老金制度正式实施，各部门包括财政部、税务总局、银保监会和证监会都就个人养老金制度颁布了具体的运作流程、税收政策和相关业务管理；同时，地方政府如北京、上海、广州等36个城市率先启动试点。这些举措标志着作为第一支柱补充的第三支柱个人养老金制度在我国进入实质性推动落地阶段。我国正在快速地进入多层次、多支柱养老保险体系框架的搭建。

　　个人养老金制度的推出究竟有什么好处？

　　就个人而言，首先，个人养老金作为基本养老保险的补充，缴纳、投资和领取方式都更加灵活，有助于完善养老规划。在缴费环节，参加人可以根据经济负担能力自主决定每年参加或部分年度参加，以及年度内缴纳额度和缴纳频率;在投资环节,各年龄段人群可以根据自己预计投资的年限和风险偏好选择产品配置类型,比如年轻人有足够长的时间去承担较高的风险,以此换取较高的投资回报,而临近退休的人则可以选择低风险、回报稳定的产品;在领取环节,参加人可以根据个人需求选择按月、分次或者一次性领取个人养老金。

另外,相比普通投资理财,个人养老金享有税收和费率优惠政策。根据 2022 年 11 月 4 日财政部、税务总局联合发布《关于个人养老金有关个人所得税政策的公告》,个人养老金采用 EET 模式的税收优惠政策(领取时缴税,即税收递延),在缴费环节,按照 12 000 元/年的限额标准,在综合所得或经营所得中据实扣除;在投资环节,计入个人养老金资金账户的投资收益暂不征收个人所得税;在领取环节,个人领取的个人养老金单独计算缴纳个人所得税,实际税负由 7.5%降为 3%。另外,银保监会同日发布的《商业银行和理财公司个人养老金业务管理暂行办法(征求意见稿)》提出,个人养老金理财产品应在商业可持续基础上,豁免认(申)购费等销售费用;证监会发布的《个人养老金投资公开募集证券投资基金业务管理暂行规定》也提出,个人养老金公募基金产品不得收取销售服务费,可以豁免申购限制和申购费等销售费用(法定应当收取并计入基金资产的费用除外)。可见均有明显的压降投资产品费用的导向。

最后,养老金账户内资金定期存入、长期持有的特性可以帮助投资者降低投资难度,切实提升投资收益。投资市场常言"基金产品赚钱,投资者不赚钱",往往源于散户追涨杀跌、短期持有等不理性的交易行为。个人养老金账户定期缴费、满足规定条件后才能取出的模式有助于投资者规避频繁择时和追涨杀跌行为,获得时间平滑后的长期投资回报的收益。

就金融机构而言,首先,个人养老金的缴纳将为金融机构提供长期稳定的资金。2022 年 11 月 4 日人力资源社会保障部、财政部等五部门联合发布《个人养老金实施办法》,规定个人养老金资金账户封闭运行,参加人可领取个人养老金的条件为达到领取基本养老金年龄、完全丧失劳动能力、出国(境)定居或国家规定的其他情形。鉴于目前我国基本养老金的最低领取年龄为 50～60 周岁,参与人从初次缴费到开始领取养老金之间的时间跨度一般可达数十年。以一个 30 岁的年轻人为例,即使不考虑资金的复利价值和缴纳限额的提升,在未来 30 年内的个人养老金账户也将有 36 万(30×1.2 万)的资金流水,形成一个定投蓄水池。这部分缴纳资金可以成为金融机构长期稳定的资金来源，完善金融供给侧结构性改革。

其次，参加人自主选择个人养老金产品的形式将给予金融机构，尤其是商业银行提供综合性养老金融服务的机会。根据同日发布的《商业银行和理财公司个人养老金业务管理暂行办法（征求意见稿）》，商业银行是可开立资金账户的唯一机构，同时担任个人养老金产品发行、销售、咨询、托管、给付等多重角色，拥有储蓄、理财、公募基金、保险等多种个人养老金产品的销售权限，可以借此机会开展多元化的业务布局，有潜力为参与人提供包括"产品＋服务"的综合性解决方案。另外，对于部分客户来说个人养老金每年 12 000 元的缴纳上限无法满足其补充养老开支的需求，金融机构也可以进一步提供投资理财建议，帮助客户搭建更丰富、更完善的财务规划。

最后，个人养老金的长期性有利于金融机构开展投资者教育，树立长期投资理念，建立投资者与机构间的信任。《商业银行和理财公司个人养老金业务管理暂行办法（征求意见稿）》第四十四条提到，个人养老金理财产品发行机构和销售机构应当引导投资者树立长期投资、合理回报的投资理念。《个人养老金投资公开募集证券投资基金业务管理暂行规定》同样指出，基金管理人、基金销售机构应当建立长周期考核机制，对个人养老金投资基金业务、产品业绩、人员绩效的业绩评价期限不得短于 5 年，不得使用单一指标进行排名或者评价，不得进行短期收益和规模排名。当然，也需要金融机构持续加强投资者教育，提供长期陪伴，帮助客户在这一过程中转变投资观念。一旦投资者从长期投资中获益，就能建立与金融机构间的信任关系，进行持续投资。

虽然个人养老金制度已经开始扬帆起航，也会给个人和金融市场带来诸多的好处，但还有很多亟待完善的地方。例如，居民对个人养老产品的认知还不充分；现有个人养老金制度主要从税收角度去鼓励居民参与个人养老金产品，但是在我国能享受到税优激励的群体并不是主流，符合政策优惠要求的人群规模仅 6000 万～7000 万，从全国来看覆盖率远远不足，从参与积极性而言并不充分。同时，养老产品的选择仍然是十分有限的，也需要更多探索和论证。

个人养老金政策的出台意味着居民自身要更多承担起养老规划的责任。普通老百姓是否做好了准备？早在 2022 年 4 月个人养老金制度出台之初，上海高级金融学院与嘉信理财联合发布的《2022中国新富人群财富健康指数报告》显示：在评估个人财务状况时会重点关注个人养老问题的受访者占比较2021年降低了4.6%。新富人群对养老问题的关注不增反减；没有做养老规划的人群中仅有19%的受访者表示个人养老金政策会促使他们开始做养老规划，整体影响程度较小。然而，随着制度的实施，更多具体举措的落地，相信会有更多人开始考虑通过个人养老金账户理性规划养老资金，构建一个适合自己的退休后收入保障模式。

第七章
投资顾问

投资顾问业务,尤其是基金投顾业务这两年在中国发展很快。一方面政策上有了更加明确的规定,从基金投顾试点到扩大试点到全面推开,市场上不断听到关于基金投顾的宣传和新闻。另一方面,也确定中国财富管理需求发展到应该要提供更多专业服务来满足的阶段。

从基金投顾开始试点,我们就一直关注这项对财富管理行业可能会有巨大影响的服务。就行业层面而言,也许它将改变财富管理行业传统的激励方式,更加注重客户陪伴和客户的获得感。而对居民而言,我们有机会享受到针对性的服务而不只是产品推介。

但是基金投顾在中国很新,面对的问题也很新。例如像 ChatGPT 这种新技术会带来什么影响,我们什么时候才能获得真正满意的投顾服务,将在这章一一探讨。

中国财富管理行业过度佣金激励的模式或将终结

公募基金投资顾问业务试点落地,投资顾问模式会逐渐改变中国投资者的投资习惯,帮助投资者科学的财务规划、获得更加合理的投资收益。

2019年底,中国证监会下发《关于做好公开募集证券投资基金投资顾问业务试点工作的通知》(以下简称《通知》),行业期待已久的公募基金投资顾问业务试点正式落地。2020年3月,工商银行、招商银行、平安银行已正式获准成为基金投顾业务试点机构,成为首批获得该业务试点资格的银行。至此,已有5家基金公司、7家券商、3家银行和3家第三方销售公司获得该资格。这意味着,国内基金投顾业务的主要参与机构全数集齐。

公募基金投资顾问业务,主要是指拥有相关资质的基金投资顾问机构,接受客户委托,在客户授权的范围内,按照协议约定为客户进行投资基金具体品种、数量和买卖时机的选择,并代替客户开展基金产品申购、赎回、转换等交易申请的业务。与传统的基于"卖方代理"的基金销售模式相比,基金投顾采用"买方代理"模式,强调为客户提供量身定制的理财规划和全天候的资产配置服务,对专业性提出更高的要求,也能够提升基金投资的盈利体验。这对中国财富管理市场而言是一个明确的方向和信号,投资顾问咨询时代或将开启。

一直以来,财富管理模式主要包括经纪人/交易商模式(Broker/Dealer Model),一种基于交易驱动的客户服务途径,顾问收入主要以手续费(产品销售佣金)为主的模式。这种模式在美国、加拿大和大部分亚太地区占主导地位。另外一种模式是顾问咨询模式(Advisory Model),强调资产规模计价的收费,酌情收费的组合管理和财务计划,在欧洲大部分地区和拉美地区较流行。中国是典型的交易驱动模式。中国财富管理行业的特点是过度佣金激励产生一系列问题。比如说,过去券商经纪业务以交易佣金为经纪人的主要收入来源,各家佣金比例的竞争非常激烈,常常带来人员的大量流动,经纪人或顾问只关注客户的交易频次和券商佣金的比例,而忽略客户的风险偏好和收益期望,导致不能满足客户的需求。顾问咨询模式会降低这些问题的影响。

顾问咨询模式在财富管理市场有什么价值

　　中国的个人投资者(或股市的散户)常被戏称为"韭菜"，被交易对手"收割"。其中一部分原因是因为他们在投资/理财决策中受到知识缺陷、心理偏差或认知局限的影响，经常做出非理性的决策行为。如果这些都是导致他们被誉为"韭菜"的原因，那么来自受过专业训练、较少受到非理性决策行为影响的投资顾问的建议应该就可以改善情况。例如，上海高级金融学院—嘉信理财在(高金—嘉信理财)《2017年中国新富人群财富健康指数》报告对投资者实现其财务目标的信心的评估进行了比较，发现有正式财务顾问的投资者比没有财务顾问的投资者具有更高的实现其财务目标的信心(47%：35%)。有一个正式的财务顾问可以帮助投资者进行科学的财务规划，而科学的财务规划会显著改变其投资行为和结果。比如说，具有正式财务规划的投资者持有更均衡、更合理的投资组合(如持有更少的现金和房产等)，且其持有的投资组合更加多样化(如持有更多股票和更倾向于投资外国投资产品等)，为此，其总体财务信心更高。

　　投资顾问在财富管理市场的另一个作用是"销售"信任。有学术观点认为，拥有一位值得信赖的顾问可以降低投资者对风险的抵触，让那些厌恶风险的投资者安心地进行更高风险、更高预期回报的投资。在美国的调查中，受访者普遍对其财务顾问的信任度很高。尽管财务顾问在扣除费用后的市场表现未必优异，但投资者还是愿意使用财务顾问进行投资，而且这样做可能会更好，因为这样可以引导他们承担更多的风险。中国的问题是，大部分人追求固收类(刚性兑付)产品，其中一个原因可能是没有值得信赖的顾问，不愿意冒过高的风险。但是，这种过于保守的理财观念会直接伤害到投资者的长期利益。

投资者使用投资顾问的意愿会受到哪些因素影响

　　虽然使用投资/理财顾问会带来各种各样的好处，事实上在中国，顾问模式并不普遍。高金—嘉信理财发布的《2019年中国新富人群财富健康指数》报告中发现中国投资者使用投资顾问的比例并不高，60%的受访者表示他们不会寻求投资顾问或服务。是什么因素影响到投资者使用投顾的决策？

传统经济学的理性分析框架下，对委托理财的需求随着时间的机会成本、个人的决策效率和财富水平而变化。投资者是否选用投资顾问可能受到很多因素的影响。

首先，个人财富特征。研究认为是否选用投资顾问最终受到财富规模的影响。高金—嘉信理财2017年报告发现，尽管50%的受访者认为投资顾问可以提供专业的投资建议，但1/3的人认为自己的投资金额太小，所以不需要咨询投资顾问。

其次，机构业务模式影响投资者从投资顾问处获得最优化建议的信心。一种普遍的观点认为，如果顾问的薪酬结构依赖不同产品的佣金，这会激励顾问向客户推荐佣金高但对客户而言并非最佳的产品，或者不去考虑客户的风险—收益偏好而推荐能获取高佣金的产品。

对顾问的有效激励其实对于投资者的收益而言也并非是绝对不好的方案。佣金会激励顾问主动去了解哪些产品最能满足客户的需求，从而提升投资者收益。但是，如果投资者认为顾问提供了公正的建议，基于佣金的激励计划可以使得顾问过度利用客户的信任，为客户推荐更利于增加自己收入的产品。

再次，在现实的困境里，顾问必须首先赢得客户的业务，然后才能获得报酬，这也导致投资顾问有时为了迎合客户而放弃正确的选择。如果迎合客户的偏见信念有助于确保客户的业务安全，那么顾问们至少在最初不会质疑这些信念。顾问"迎合"客户的解释说明顾问有时候会迎合而不是纠正客户的错误和偏见，而不是提供对于客户绝对正确的建议。顾问迎合有偏见的投资者信念，因为这样做会导致投资者投资更多，支付更高的费用。

最后，投资顾问的专业程度。研究发现，理财顾问在决策过程中也会受到知识缺陷、心理偏差或认知局限的影响。他们频繁交易，追逐和迷信过去的回报，投资于昂贵的、积极管理的基金，而不是成本较低的指数基金，或是根据客户的财务规划、风险偏好、投资期望等进行合理的投资。

有什么办法可以解决投资顾问和客户的利益冲突

如果是因为利益冲突导致投资顾问业务障碍，强制披露利益冲突的信息是否可以帮助解决问题?基金投顾新规是否有相关规定?

强制性信息披露的正面作用是:一方面,强制披露顾问佣金将天真的客户转变为谨慎的客户,增加了投资者福利。如果顾问们不愿意被视为有偏见,披露可以阻止顾问们接受利益冲突。如果披露行为被解释为诚实的标志,那么披露实际上可以增加客户对其顾问的信任。据我们了解,国内目前有部分独立理财机构已经在试行告知客户产品佣金比例等信息披露方式,对于已经建立信任的老客户而言似乎有正面的影响。

另一方面,当投资者期望顾问有戒备时,他们购买最终可能证明不合适的产品的意愿就会降低。强制性披露佣金作为一种承诺手段,可以减少顾问推荐不合适产品的倾向,进而提高投资者的支付意愿——这是顾问和金融机构应获得的利益。

强制性信息披露也可能导致负面作用:在一项实验中表明,当利益冲突被披露时,顾问们给出的建议甚至更加偏颇,也许是因为他们觉得一旦被告知他们的冲突,他们就有道德上的许可证可以这样做,或者因为顾问们希望客户对他们的建议打折,所以需要一个更极端的建议来进行补偿。

另外,顾问也可能会从策略上规避遵循披露规则的要求。学术界的研究发现,当要求顾问披露销售的部分产品的佣金但并非所有产品的佣金时,顾问会通过推荐不受披露要求约束但佣金较高的替代产品来响应披露要求。

另一种披露可能适得其反的情况是,如果投资者面临信息过载,披露佣金可能会限制他们对与决策相关的其他信息的关注,从而降低决策质量。有佣金的事实可能会导致一些投资者完全避开这些产品,即使它们可能特别适合这些客户的需求。在披露财务冲突后,客户也可能会感到更被迫听从建议,以免被视为缺乏信任,这种现象被称为"披露的负担"。

本次公募基金投顾业务试点通知对信息披露做了两方面的规定,一方面是基金管理中行为和结果进行及时披露,客户有权准确迅捷地了解收益及交易的相关内容。另一方面,也对收费项目和方式进行了规定,并对收费的上限约定为不超过 5%,以年费、会员费等方式收取费用且每年不超过 1 000 元的除外。给基金投资顾问提供了较为灵活的收费方式。

值得一提的是,对客户利益保护的要求,《通知》规定"试点机构应当遵循客户利益优先原则,建立健全利益冲突管理机制,确保基金投资顾问业务与其他存在利益冲突的业务有效隔离"。但由于《通知》对客户利益优先并没有做出更准确的定义,在执行阶段也将面临没有标准可供判断的情况。反观美国的相关法规,对投顾业务和经纪业务的责任划分做出了更明确的规定:注册投资顾问对客户具有信托性质的责任,普遍要求他们将客户的利益放在自身利益之上。

解决顾问和客户的利益冲突的另外一个重要的因素是客户的成熟度。注册制导致投资的机构化,未来市场的参与者会越来越接近欧美的结构,个人投资者更多的使用代理投资。一是,投资者教育和成熟度降低他们在投资/理财决策中受到知识缺陷、心理偏差或认知局限的影响。二是,在与顾问的互动当中,顾问的价值体现很大程度在于客户的成熟度。比如说,对于顾问进行激励并非是绝对好的方案,但也不是绝对不好。顾问在利益冲突面前可能利用顾客的天真。但如果投资者是理性的,市场的竞争可以部分地约束顾问的利益冲突。薪酬会通过激励顾问改善投资者收益,通过投资者的成熟度限制顾问在利益冲突中获利的程度,进一步改善投资者收益。

国外的投资顾问模式有什么经验可以借鉴

在国外,投资顾问模式是一种常见的财富管理方式。但这种"常见"并不是一蹴而就的,是经过上百年的演变,不断探索和完善后呈现的结果。

在美国,投资顾问业务也经历了较长的发展过程,其与经济发展、金融深化程度等密切相关。20世纪初,投资顾问在美国成为一种独立业态。但在业务发展的初期,属于摸索阶段,各种形式的投资顾问业务不断涌现的同时也出现了一些滥用顾问名义、利益输送、关联交易,甚至是损害投资人利益的违法行为。

为了规范证券投资顾问行为,1940年美国同时制定了《投资顾问法》和《投资公司法》,不仅对投资公司明确了监管,也对投资顾问业务范围、从业资格等做出了明确的规定。在1970年的《证券投资者保护法》对经纪人与投资顾问的行为做出了更为严格的约束和界定。1996年美国出台了《投资顾问监督协调法》,进一步明确了美国证券监管机构(SEC)和州监管的监督职责。20世纪末期,全球范围的金融混业经营潮流,美国1999年《金融服务现代化法案》将证券、银行、保险三业分离的局面打破,实现混业经营。很多私人银行客户经理、证券经纪人纷纷兼职成为注册投资顾问(Registered Investment Advisor),创立了现代投资顾问业务的雏形,投资顾问业务得到了空前的发展。2004 年,8 581名投资顾问管理着 24.1 万亿美元的资产,而到了 2010 年,11 888 名投资顾问管理的资产额达到 38.3 万亿美元。2011 年以后,智能投顾逐渐兴起。2017 年 2 月美国证监会(SEC)投资管理部发布的《网络自动咨询服务(也即智能投顾)合规监管指南》,依托于美国《1940 年投资顾问法》,将智能投顾纳入对投资顾问的监管体系中,但又对智能投顾作出了额外的详细规定。

纵观美国的投资顾问业务发展历史,可见监管及时根据市场和经济变化,对现有法律体系进行不断完善是激发业务活力保证业务发展的重要举措。我国投资顾问业务的发展历史相较于美国要短暂很多经验也少很多。但正如经济发展的规律总是有迹可循,同样立法和政策的进步也值得借鉴。虽然在立法和监管政策上仍有较远的路要走,《通知》的出台已经打破原有桎梏,朝着鼓励投资顾问业务的方向迈出了一步,我们有理由相信投资顾问业务迎来春天的时间会越来越近,投资顾问模式会逐渐改变中国投资者的投资习惯,帮助投资者进行科学的财务规划、获得更加合理的投资收益。

基金投资顾问业务离我们还有多远

2019 年 10 月以来，基金投顾业务试点平稳推进，即便是遭遇了 2022 年的行情大震，一些券商的基金投顾签约规模仍保持稳步增长。时至今日，基金投资顾问业务发展的客观条件是否已经成熟？个人投资者选择基金投顾又需要注意哪些方面？

基金投资顾问业务，主要是指拥有相关资质的金融投资顾问机构接受客户委托，在客户授权的范围内，按照协议约定，为客户做出投资基金具体品种、数量和买卖时机的选择，并代替客户进行基金产品申购、赎回、转换等交易申请。这意味着基金投顾有别于证券投顾，首先在于它可以代替客户做出决策和进行账户操作，而不仅仅是提供建议。

对于不炒股的投资者而言，基金投顾业务也许有更加重要的意义。基金是许多家庭理财的重要产品类别，但市场上大量不同类别的基金产品如何选择、何时买入或赎回、怎么组合，都成为非专业投资者的投资障碍。因此，我们常常看到许多投资者用买股票的方法买基金，快进快出、追涨杀跌，出现"基金赚钱，基民不赚钱"的现象。

其实，基金投顾业务在一定程度上可以帮助解决这个问题。我们可以委托专业的基金投资顾问来帮助我们进行基金投资和组合管理，以获得更加稳定的收益。这更接近美国等国家的投资顾问业务，也就是所谓"买方投顾"。

因为其重要性，我国对基金投顾业务实施严格的牌照限制和监管要求，2019 年 10 月，证监会发布《关于做好公开募集证券投资基金投资顾问业务试点工作的通知》，基金投顾业务由此启航。

试点工作开展两年内，已经有 59 家机构获得基金投顾资格试点的备案函，包括 24 家公募基金、29 家证券公司、3 家银行、3 家第三方独立销售机构。从供给角度来看，基金投顾提供的业务不论是在覆盖用户数，还是在规模和复购率上均有不错的成效。数据显示，截至 2021 年二季度，首批试点金融机构的投顾服务资产超过 500 亿元，服务投资者超过 200 万户，基金投顾客户中保有 3 个月以上的客户复投率超过 40%。

但在实际操作中，仍然有许多不具备业务资格的主体，在互联网平台上对外提供基金组合的投资建议，有的甚至允许平台用户"一键跟投"。这种业务模式与基金投顾业务类似的擦边球业务，并不受监管框架约束，不仅带来对试点机构的不公平竞争，也存在专业性无法保证、损害投资者利益时无处监管维权的风险。为此，2021 年 11 月多地证监局下发《关于规范基金投资建议活动的通知》（以下简称《通知》），引发广泛关注。

《通知》要求，"不具有基金投资顾问业务资格的机构不得提供基金投资组合策略投资建议"，明令禁止上述服务模式。此外，《通知》还对基金投顾业务进行负面清单管理，对业务开展主体、标的基金、服务对象、合同签订、收费模式等业务细节做出明确限制，助力业务规范化、专业化的发展。

这显然是一件好事，金融服务中持牌经营是保障客户利益的基础措施，也是规范行业行为的重要方法。对于试点了两年的基金投顾业务而言，是对合格主体一次重要的确认和保护。

基金投顾业务的试点不断扩展，随之而来的是市场需求的不断匹配和投资人专业意识的不断提升。上海高级金融学院和嘉信理财联合发布的《2021 年中国新富人群财富健康指数报告》显示，新富人群在逐渐朝着理财投资专业化的方向进步，对投资顾问和专业金融机构信任度逐年提升。2017 年，仅有 57.8% 的新富投资者表示对投资顾问和金融机构非常信任；而到 2021 年，这一数据攀升至 75.5%。对投资专业化的信任程度加深，说明投资者的观念在不断成熟。

如果说投资者对投资顾问的信任是投资顾问业务发展的主观条件的话，那市场上基金投资顾问业务发展的客观条件是否已经成熟呢？基金投顾业务离我们还有多远？

客观而言，近两年的机构试点为投资者提供了尝试基金投顾业务的机会。机构的逐渐加入也带来良性竞争，促使机构不断改善自己的投顾服务质量，以赢得更多投资者的青睐。另一方面，我们仍需要看到的是，目前在"投"和"顾"两个方面，试点机构仍然呈现出了水平的参差。从"投"的角度，基金投顾需要在充分了解投资人性格、喜好和目标的基础上匹配合适的投资策略,提供更多个性化的选择,帮助投资者找到更适合自己的解决方案;从"顾"的角度,更多是对客户的陪伴和投资者教育。然而,不同的投资机构,无论是在投资能力还是软服务流程和管理投入上,都存在一定差异。

从这两点而言,我们与海外仍有差距。例如在实践中,从"投"而言,可投产品类型有限,特定类别产品可投数量有限;从"顾"而言,客户服务体系搭建未完成,客户陪伴和投资者教育亦存在缺失。事实上,海外市场目前正在积极寻求从传统投顾向智能投顾的业务模式转型。我们起步晚,却站在技术和制度双重变革的路口,也许可以同步完成卖方投顾转买方投顾、传统投顾转智能投顾的两项转型。

对于机构而言,毫无疑问,基金投顾业务的市场潜力是巨大的。许多发达国家金融市场的基金投顾业务早已成熟,并且进一步推动了基金市场的繁荣。美国49%的家庭直接通过投资顾问购买共同基金,80%的家庭通过养老账户购买共同基金(多数也通过投资顾问),仅19%的家庭通过基金公司直接购买。由此看来,中国的基金投顾业务还有巨大的发展空间。目前,不少拿到试点牌照的机构都在积极布局基金投顾这个风口业务,而在这次整顿后,许多还未持牌的机构也表示正在积极申请投顾相关业务的许可。供给增加带来服务竞争的加剧,而充分的服务竞争才可能带来效率和品质的提升。

个人投资者可以期待投顾业务给居民投资理财带来变革,并随之对专业金融机构有更多的信任。但在具体操作中,选择投顾业务时仍需要谨慎尝试,多关注业务与自身的匹配程度,提升自己的甄别和选择机构的能力,避免转型过程中带来的投资风险。

财富管理行业迈向规范化经营

随着居民收入快速增长、全民理财意识觉醒和资本市场日趋完善，财富管理需求迎来了爆发式增长。2021年底，中国人民银行发布《金融从业规范财富管理》，本文将从这一文件出台的意义、可能产生的影响及有望提升的空间等方面，探讨财富管理行业的发展。

2021年12月29日，中国人民银行发布《金融从业规范财富管理》，对财富管理行业从业者的服务流程、职业能力、职业道德与行为准则、职业能力水平评价等几个方面的标准进行了界定。

这个规范性文件在财富管理行业引发热议。其对于财富管理行业的重要意义是不言而喻的。

第一，这项标准对财富管理术语、概念、服务群体划分等给出了相对官方和权威的界定，同时第一次对财富管理行业从业者的执业要求，尤其是专业能力方面，进行了相对清晰和完整的描述。根据这个描述，我们甚至可以衍生出一个关于财富管理从业人员的胜任力模型。简而言之，财富管理不再是一个不具有"门槛"的行业。这对于行业专业化是很好的提升。鱼龙混杂的时代逐渐式微，专业的人做专业的事将成为主流。

第二，标准的出台开启了行业规范化的趋势。纵观世界财富管理行业发展的历程，随着需求复杂化、市场规模增长，行业趋于规范是必然的趋势。投资顾问牌照是在金融机构监管的基础上对资产管理机构的规范，旨在提升资产配置能力，推动良性竞争。而这份标准则更加侧重于对个人从业者的规范——由于投顾机构的业务落地和执行需要具体到从业人员，因而规范从业人员的服务流程、执业能力、行为准则等显然也十分重要。

第三，该文件根据过往实践对财富管理的服务群体做出具体划分，并明确了服务于各个群体的从业人员所需的相应能力要求。这种阶梯式的能力要求划分对财富管理从业人员规划职业发展的阶段和路径也具有一定的参考性。

此外,标准中提及了相应的配套考试和资格认证,以帮助从业者检验和匹配各阶段要求,具有一定的可操作性。

那么,这项标准的出台对于我国金融市场会产生怎样的影响?未来又有哪些可以进一步提升的空间?在此列举几点个人思考,供大家探讨。

首先,标准中提到"文件适用于银行业金融机构、保险业金融机构、证券公司、信托公司、金融租赁公司等金融机构,以及开展财富管理业务的前、中、后台相关人员和参与财富管理的相关专业人员",可见这是一个以传统金融机构的客户服务为基础的规范文件。这或许是考虑到传统金融机构在资产管理规模的占比上仍然占据绝对的优势,但事实上不少互联网财富管理平台的客户数量已经超过了传统金融机构。因此,是否也需要同时考虑第三方财富管理公司、金融科技服务公司在财富管理行业中的参与程度,并将非传统金融机构从业人员、IFA(独立理财顾问)等多元从业者也纳入考量?参考国外的发展历程,我们可以看到 IFA 是美国市场最重要的财富管理服务提供者之一,市场份额占比很高。这一类型的从业者未来也可能在中国得到长足发展。

其次,标准的出台意味着财富管理行业的规范化起步,而规范化本身对于机构而言是有成本的,客观上将加剧机构之间的分化。对于中大型财富管理机构而言,规范化会进一步提升其专业水平、加深客户信赖;而对小机构尤其是小三方而言,或将面临更加严峻和迫近的挑战。这是否意味着未来市场将重新洗牌,出现更多行业内并购?

借鉴美国财富管理领域的发展经验,将理财师的角色定位和买方投顾模式相结合是推动财富管理行业实现规范化的重要举措。自 20 世纪 60 年代开始,美国就启动了从卖方代销到买方投顾的模式转型。2000 年前后,全行业已经基本形成"从客户需求出发,按照 AUM 收费"(AUM:Asset Under Management 资产管理规模)的买方投顾模式。我们谈论财富管理,首先需要明确的是为谁管理财富这件事。在这个基础上,才能谈具备什么业务能力、如何以能力匹配需求。

在设立客观标准之外,也需要关注财富管理从业人员在客户金融教育和金融素养培养方面的作用和责任。例如,高金和嘉信理财联合发布的《2021 年中国新富人群财富健康指数》报告中提到,66%的受访者表示自己有财务规划,但仅有 2% 的人对于财务规划的理解符合行业标准。而在没有财务规划的人群中，更有超过 3/4 的人认为自己资产不够就不需要财务规划。这是金融素养的问题。而在市场中，最能影响客户的金融素养的人，正是这群直接服务客户的财富管理前台业务人员。因此，在实际服务中为客户梳理和树立良好的金融投资观念、提升客户的金融素养，也是财富管理从业人员的重要职责。

整体而言，标准的出台是财富管理行业规范化的重要起步。相信随着后续资格考试、认证等配套措施的不断完善，将有望形成一个相对完整的财富管理从业人员评价体系，助力财富管理行业专业度的提升。

有了 ChatGPT 之后，人们还需要投资顾问吗

ChatGPT 无疑是 2023 年的一大热词。这项使用深度学习技术，通过大规模的训练数据和强大的计算能力来理解并生成自然语言文本的大型语言模型，为我们的生活和工作带来了无限的可能性。我们不禁思考，有了 ChatGPT 之后，人们还需要投资顾问吗？

2023 年 ChatGPT 火了，一时间，大家都在讨论这个聊天机器人对于各行各业的影响，从对话交流到回答科研问题、写作研报、生产代码、续写小说……这个基于自然语言处理（NLP）的聊天机器人已经让人们对于人工智能（AI）的想象变得更加具体。

这个看起来十分"聪明"的聊天机器人对我们的理财生活会有什么影响吗？或者说，ChatGPT 会替代投顾业务吗？ 如果会，则大家日后可以直接用 ChatGPT 来咨询理财事务。

我们向 ChatGPT 提出了这样一个问题："有了 ChatGPT 之后，人们还需要投资顾问吗？"

ChatGPT 的回答是："是的，即使在 ChatGPT 可用的时候，人们仍然需要投资顾问。虽然 ChatGPT 可以提供一般财务信息并回答与个人财务有关的具体问题，但它不能根据个人独特的财务情况提供个性化的财务建议。

投资顾问为财务规划带来了一定水平的专门知识和经验，AI 聊天机器人很难进行复制。他们可以根据个人的财务目标、风险承受能力和其他因素提供个性化建议，并可以帮助个人应对复杂的财务状况，如遗产规划、税务规划和退休计划。

此外，投资顾问可以提供持续的支持和指导，并随着时间的推移，回顾和调整财务计划。虽然 ChatGPT 是一个有用的工具，可以提供一般的金融教育和信息，但它在提供个性化的金融咨询和支持方面不能取代人工投资顾问的价值。"

可以说，面对是否可以用 AI 取代投资顾问的问题上，ChatGPT 表现出了十足的"谦虚"，回答也很客观。有两个关键点：一方面，它认为自己可以提供有关个人财务的一般基础信息以及一些普适的答案。另一方面，个性化服务仍需要人工投资顾问来提供。

人与机器

ChatGPT 的回答主要在谈论它在个性的财务规划能力上的欠缺，在此基础上我们可以更加深入地分析下这个问题。居民理财的需求分为以下几个层次。

首先是基础层：获取基础的理财资讯、了解理财和财务规划的基本内容。这其实是一个信息收集、处理的工作。对居民理财而言，ChatGPT 可以让我们更加方便地获取有关理财的基础信息。当你搜索某个问题时，不再需要逐条去看搜索结果以分辨广告信息，而可以直接得到一个经过整合的结果信息。

其次是中间层：在获得基础信息之后，根据自己的财务信息来分析、诊断自己的财务状况，并根据理财目标和风险偏好提出解决方案，适配恰当产品。对于理财信息甚至产品信息，我们都可以通过 ChatGPT 去获得，但在这个环节，信息只是基础。而在理财目标和风险偏好的理解与分析上，个体的差异就体现得十分明显。

上海高级金融学院和嘉信理财共同发布的《2022 中国新富人群财富健康指数》报告显示，有 45.6% 的受访者希望投资顾问可以充分理解自己的财务需求。由于我们不能将目标、愿景和风险偏好标准化，所以我们无法将这个环节完全托付给目前不具备理解这种个体差异的能力的智能助手。根据个人愿景和风险偏好选择产品的这一过程仍然需要人工投资顾问的服务，这也是上文中 ChatGPT 所阐述的主要观点之一。

最后，更深层次的问题在于，人工顾问能提供同理心、温度感以及其他的情绪价值。有趣的是，一些人提出观点认为人工顾问更容易获得信任，然而事实也许并非如此。国外的一些研究表明，相较于面对人类，投资者更容易对机器人讲真话，这一过程所带来的自我暴露的压力也更小。人们可能会觉得向机器透露个人信息比向另一个人透露更舒服。这种现象被称为"数字去抑制效应"

(digital disinhibition effect)，对这种现象的一个可能解释是人们认为机器是不带偏见的，而向真人透露信息可能导致被他人评判或污名化。此外，在与机器互动时，人们可能会更有掌控感，这也可能会带来个人透露更多信息的更大动力。

需要注意的是，这种影响并不是普遍的，可能会被各种因素左右，例如互动的情景以及个人的性格特点和文化背景等。此外，当个人信息被披露给机器时，人们往往还担心个人隐私和信息安全能否得到保障，而这仅仅是信息和信任获取的环节。从长远来看，在市场剧烈变动时的情绪安抚、陪伴和共情方面，投资顾问所能提供的服务是智能助手难以企及的，而这也正是一个专业投顾的专业价值的重要体现。

合规考量

还有一点值得关注，即鉴于金融服务业的重要性，我们对于从事金融理财的服务人员和机构都会进行相关资质的审核，并加以相对更为严格的监管，从而保证金融服务的安全性和专业性。使用 ChatGPT 去获得金融类服务会触及监管盲点，而相关的立法进程以及监管实践在世界范围内都仍是缺乏的。这中间涉及数据治理、技术文档和记录的保存、透明度、人工监督以及稳健性、准确性和网络安全检查方面的合规及更广泛、更深远的技术和伦理问题。

ChatGPT 即便不能取代专业投顾，但作为一个具备自我学习能力的 AI 工具，它可以为投顾服务能力的提升提供帮助，让专业投顾更有效率地服务客户。比如，ChatGPT 可以更加高效地收集和过滤信息，为投顾提供专业知识的咨询；帮助投顾对客户进行金融素养教育；与客户管理系统联动改善服务流程，提升服务水平等。ChatGPT 也将降低客户获得专业服务的门槛，使之可能以更低的成本享受到更高品质的金融服务。

对居民而言，ChatGPT 也许能降低居民了解投资理财的门槛，但并不能解决实际理财建议的问题。需要专业建议时，人们仍需选择具有从业资质、接受专门监管的金融服务机构。对金融机构和投资顾问而言，ChatGPT 可以作为高效收集处理数据，提供友好投教服务的工具来使用，从而提升为客户服务的效率。值得一提的是，数据显示中国居民使用专业投顾的情况并不理想，近两年虽有长足进步但尚未发展成熟和完善。一方面，投资者教育尚有欠缺，如《2022中国新富人群财富健康指数》报告所言，中国大多数人对投顾定位的理解还是更偏向于一个产品而非一项服务。另一方面，投顾在服务的专业程度上仍有待提升。

　　ChatGPT的出现再次提醒我们改变服务方式，真正做到以客户为导向；同时，修炼"情商、同理心"，提高"建立信任和融洽关系的能力"的任务也迫在眉睫。

第八章
风险管理

　　风险管理是家庭财富的守门员，也是实现财务目标的最基础要求。可以说不谈风险管理的财务规划是无效的财务规划也是危险的财务规划。

　　一方面，得益于金融市场的快速发展，我们可以选择的金融产品种类越来越丰富，这无形中也增加了我们的选择难度以及增加了风险识别的挑战。另一方面，金融需求的大大增加也给了许多金融不法行为的可乘之机，金融诈骗、杀猪盘、机构违规操作等等风险也十分常见。因此，识别风险管理风险就显得十分重要。

　　结合近几年的时事，我们从银行代销产品的违约、能源类资产爆仓、新结构化产品的适配等故事说起，看看居民理财中的风险管理问题。

新富人群投资理财如何避免踩雷

风险控制始终是投资的核心要素。这篇文章想和大家聊聊风险，并以此来警示投资者，面对资本市场的风险问题，投资者应该如何避免踩雷。

对所有的投资者而言，2018 年是名副其实的黑天鹅之年。国际间中美贸易摩擦加剧，贸易保护主义走强。国内 A 股市场全年市场震荡，其中上证综指全年跌幅超过 20%；上市公司股东股票质押频频爆仓；P2P 暴雷频繁；国债的收益率逐渐走低。这些变化都在增加投资者对未来市场判断的不确定性，这也愈发加剧了国内中产的焦虑感。

根据上海高级金融学院和嘉信理财的调研数据显示，国内的新富人群对于理财的目标极为明确。应对可能面临的紧急情况、为子女储备教育基金以及满足购买汽车、耐用品等大额花销需求是投资理财的主要目的。对于中国的中产而言，一旦投资失误，这些目标都将受到影响，更有甚者将抹去过去多年辛苦累积的财富。

在这一市场震荡的背景下，"风险防范""风险管理"这些名词开始频繁地出现在专家、媒体和大家交流的谈话中。风险控制是新富人群投资理财的一大紧箍咒。这篇文章想和大家聊聊投资者如何面对资本市场的风险问题？如何避免踩雷？

应对风险的三类投资人

假设这样一个场景：在一个房间里装满了黄金，同时还有一颗没人知道何时会爆炸的定时炸弹。参加活动的人，可以尽自己所能把黄金装到袋子里再跑出来。最终，先后共有三个人逃出。当被采访在房间里面拿黄金的感受时，第一个人说："什么？里面还有炸弹?! 不过，幸好，三个人中我拿的黄金最多。"第二个人说："我装黄金时非常害怕，浑身颤抖。既想着再多装点黄金，又害怕炸弹随时爆炸。"第三个人说："我通过观察这种炸弹的特征，之前研究这类炸弹过往爆炸的规律,大概估算了炸弹爆炸的概率和时间。虽然我拿走的黄金不是最多的,但是我一定给自己留出足够的时间离开。"

看完这个例子,你觉得三个人所承担的风险是一样的吗?

风险这个词源自意大利语,理解为自然现象或航海中由于风带来的无法预测的危险,所以风险往往被定义为不确定性。狭义的风险是损失发生的不确定性,说明风险只能表现出损失,没有从风险中获利的可能性。广义上的风险是未来结果的不确定性。比如说,投资一个项目,结果的发生存在两种或两种以上的可能性(如亏损、获利或者无损失无盈利),那么这个投资就存在风险。而投资者遇到的金融风险通常指的就是广义的风险。

但是风险不一定就意味着亏损。比如说,银行根据过去的经验,估算出1 000笔借款中会有3笔违约的概率。预期到这个亏损,银行可以通过定价(定高一点利息)来规避这个亏损,所以亏损是可控的,潜在风险损失是可冲销的。只有当违约超过三笔,不可预期的违约数出现了,才出现风险损失。

不是所有人都理解风险和亏损之间的关系。以上例子中的三类人,对应着在股票市场中常见的三种类型投资者。他们的存在,能基本解释对于风险的理解如何影响着投资收益。

第一种人是无知无畏者,对于潜在的巨大风险全然不觉。这些人即使短时间取得了暴利,但损失是迟早的,甚至严重亏损。这种类型的投资者的最大风险就是没有风险意识,只关心收益,而这正是投资高手和菜鸟的最大的区别。从某种角度讲,利润是风险控制的副产品,只有控制和远离了风险才有盈利的可能。诚如开创价值投资流派的投资大师本杰明·格雷厄姆(Benjamin Graham)所说"投资管理的精髓在于风险管理,而非回报管理"。对于这类人,越早提升风险意识越能避免亏损。

第二种人具备一定风险意识,但不知道如何管控风险。这种人参与风险投资,如投资股市,就好比我们对一件事情不明白,但又希望分享它的收益。这类人是大部分中产人群投资的真实写照。

对于这种人而言,最好的风险管理有三条原则。首先是调整自己对后果的承受的能力,包括客观和主观的风险承受能力。前者与个人的经济实力相关,后者则取决于个人的心理因素。

对自己预期收益率管理是一种重要的心理风险管理手段，主要目的是避免踏入过高期望收益的误区。不少进入股市的人是由于身边有不少"股神"级别的人物，因此这些投资"小白"也错误地将预期收益锚定在高回报。而根据大数据分析，情况远没有那么美好。保守估算，一亿的散户中，每年都能做到赚钱的或许仅有1%，也就是10万人左右。而你身边那些大神，或许只是和你分享了那些挣钱的经验，但对那些不赚钱的甚至亏损的经验绝口不提。但我们习惯关注极端样本，忽略总体样本。所以一旦你把那些分享部分投资经验的人都认为是股神，那你就会将自己的投资收益率设得过高，进而影响收益。

第二，调整自己对后果的规避能力。农民对天气没有任何的话语权，在农地中经常会出现水淹麦田或者干旱的情况。如果你无法规避天气的影响，有一个简单办法，就是把未来的收益分散化。一部分放在庄稼收成上，另一部分可以对天气的依赖程度更低的养猪上。这背后的原理就是我们常说的"不要把鸡蛋都放到一个篮子里"多元化投资，这也是我们规避系统性风险的一大法宝。

最后一个风险管理办法就是将资金交给有财务规划和管理能力的人，也就是第三种人。

在现状偏见和心理账户的双重影响下，能够切实有效地实行财务规划的中产人士并不多。和嘉信理财合作的调研发现，有62%的受访者自称他们有明确的理财计划。但从专业财务规划的角度，这之中只有大约8%的投资者具备一个正式的财务规划。其实大部分人的投资并不专业。

这个世界，炒菜好的做厨师，跑得快的做运动员，投资能力强的帮别人理财，这是合理的社会分工。第三种人就像是市场的专业投资者，他们知道怎么管控风险。所以他们冒的风险是最小的。

高手的原则

对于第三种高手而言，也同样有应对风险的几项处理原则。首先便是管理风险。管理风险与降低风险不大相同。如果要降低风险，你只需要把钱全部放到银行存款，这样做在绝大多数情况下都是没有风险的。但是真正的高手会在不牺牲收益前提下积极管理风险。预先设定自己能承受的风险水平，然后通过各种手段将持有的风险投资的风险降低到自己能承受的水平。

风险管理的第二个目标是活下来，也就是保住本金。在巴菲特的投资名言中，最著名的无疑是这一条："成功的秘诀有三条：第一，尽量避免风险，保住本金；第二，尽量避免风险，保住本金；第三，坚决牢记第一、第二条。"

举个例子，假设第一年你去投资的时候运气不是很好，赔了 10%，明年只有赚回来 11% 才可以弥补第一年的损失。去年赔了 50%，则今年要赚 100% 才能追平亏损。这就是保住本金最直接的证明。

第三，对于投资高手来说，止损永远都是一个最重要的风险管理手段。没有人能够永远不犯投资错误，但普通投资者很难克服止损的心理障碍。行为金融认为大部分投资者有损失厌恶，100 块盈利带来的喜悦远低于 100 块亏损带来的痛苦。所以，许多投资者在制定了止损点之后，在面对市场不利的情况时，不能严格执行自己的止损计划。伟大投资者的成功不一定在于其洞察力、分析力、研究能力如何强，而是风控能力、克服止损心理的能力。

第四种被动管理手段则是使用保险工具，给自己的投资买保险。但是在中国这种保理产品较为缺乏，这里不再展开述说。

风险型态和其应对方式

无论是高手还是投资小白，在投资中会面临两种风险，系统性风险和非系统性风险。前者是宏观层面的风险，影响到整个市场所有产品。对于系统风险而言，最好管理办法是通过分散投资来化解系统性风险。

根据笔者与嘉信理财合作的研究发现，中国家庭依然将投资性房地产作为主要的资产配置，投资于海外投资、债券、信托的人数不超过 30%。而根据 2016 年发布的《中国家庭金融资产配置风险报告》的数据显示，美国家庭配置房产只有 15%，大部分投资于信托、基金等产品。很明显，中国家庭将绝大部分的资产都放在了房产这一个篮子中。这样配置的后果是，如果房地产市场出现下调的情况，中国家庭的资产和可投资资产都双双面临大幅缩水的尴尬局面。多元化投资的重要性不言而喻。

另一种则是非系统风险，这一风险只会对某一类资产产生影响。非系统性风险无法通过多元化降低，但至少可以通过以下方法减少其对于你的财富的冲击。

　　首先，可以对投资的行业板块进行动态调整。市场好的时候侧重于金融业、房地产、煤炭、有色金属等高风险系数的周期性行业。在经济下行的期间，选择那些低风险系数的抗周期的行业，比如说，电信服务、医疗保健、农业、大众消费。

　　其次，可以对投资的仓位进行动态调整。主动在熊市降低仓位，持有现金。

　　再次，可以对投资的仓位进行对冲。最好的对冲是买专业管理人管理的市场中性的对冲策略基金。他们同时采用多头和空头的策略，这样进可攻，退可守。特别在经济下行中，守是非常关键的策略。

　　最后，如果条件允许，进行全球配置。简单来说，"把鸡蛋都放到一个篮子里。再把篮子放到不同的车上"。如此一来，国内系统性风险对于你的财富的冲击在跨国家、跨市场的配置组合中会被降低。

　　古人云，善败者不亡。能提前意识到风险、预防风险、管控风险，才能让自己的投资立于不败之地。中产要解除焦虑，第一步便是直面问题，了解问题。了解风险是了解投资最重要的一步。如果你常以风险提醒自己，那你的投资，潜在风险损失已经取得很好的控制。

从"原油宝"看家庭财富管理的风险适配

2020 年"原油宝"事件引发了广泛的关注和反思，为家庭财富管理带来了重要的警示。本文将阐述参与高风险的投资品种时，普通家庭投资者应该如何做好风险适配性的评估，确保财务稳健和风险控制。同时探讨如何从金融机构和监管角度确保风险适配，有效防范和化解金融风险。

某银行"原油宝"事件无疑是 2020 年最热门的理财事件，在银行买了个产品，不仅一亏到底还需要自己贴钱，这显然刷新了许多投资者的认知，原来除了 P2P 以外，还有产品可以本金全损，甚至倒欠钱。

由于"原油宝"事件影响广泛，引起了监管的高度关注，投资者也积极维权。2020 年末，该事件的后续处理结果接连落地：根据国内多家媒体报道，该银行将承担客户负价亏损，并将根据客户具体情况，在保证金 20% 以下给予差异化补偿。"原油宝"事件首例民事诉讼案的宣判也印证了这一方案：判决由该银行承担原告全部穿仓损失和 20% 的本金损失，返还扣划的原告账户中保证金余额，并支付相应资金占用费。另外根据中国银保监会官网公布，对该银行及其分支机构合计罚款 5 050 万元。

"原油宝"事件尘埃落定，虽然对投资者而言也许避免了负价亏损，不用贴钱，但是高比例亏损已成定局。

根据该银行以 1 000 万为分界线区分专业和普通投资者的口径，"原油宝"投资者中有多达 6 万多名金额没有达到 1 000 万的普通家庭投资者。

这个事件给我们的家庭财富管理带来了什么可以深思的教训？

因为"原油宝"产品背后的底层资产是投机性很强、风险高的原油期货，本文主要讨论在参与到一些高风险的投资品种的时候，普通家庭投资者应该如何做好风险适配性的评估。

所谓风险适配性，是指在家庭财富管理的过程中需要了解投资产品的风险以及具体产品配置中的风险是否与家庭的承受能力和意愿相匹配，并做出与家庭风险承受能力、意愿相匹配的投资决定。

上海高级金融学院与美国嘉信理财（高金—嘉信）联合发布的《2019 新富人群财富健康指数》（财富健康报告）的调研显示：

· 65% 的新富人群认为自己是保守型或稳健型的投资者，但另一组数据显示，他们和自认为是冒险型和激进型投资者在投资组合和产品上并没有明显的差别。

· 而更有高达 49% 的受访者表示，他们在制定财务计划的时候没有考虑风险。

· 报告显示了一个耐人寻味的结论：新富人群自认为其投资行为偏于谨慎，这一认知与他们实际高风险的投资行为相矛盾。

报告的数据和结论都显示出我国中产家庭对于风险认知的有限性，且和他们审慎的自我认知相悖。这次"原油宝"事件中，许多不具备投资"原油宝"资质的，风险评估偏好较低的客户选择了原油宝这样高风险的产品，也正好与报告结论相互印证。

是什么造成了家庭财富管理风险的不适配

风险认知偏差正是家庭财富管理中风险不适配的原因之一。

我们感受到的主观风险与风险的客观存在本身是有差异的。主观风险是人的一种心理体验，是人们对于风险的主观认识和知觉。受到教育背景、投资经验等因素的影响，人们的主观风险认知难免会与实际存在的风险发生一定的偏差。

另外，一些认知偏差也会起到影响作用。代表性偏差使得人们更倾向依据容易想起来的事件来判断某种风险发生的概率，比如说一个经历过身边朋友炒期货暴富的人和一个经历过朋友因为炒期货破产的人对于期货这种投资品种的主观风险认知是肯定不一样的。

这样的偏差通常会使得一个人高估自己常见的风险事件的概率而低估自己不熟悉的风险。

信息的"过载"也可能导致我们在家庭投资决策时产生风险认知偏差。研究发现，当投资者收到更多信息的时候，他们往往认为自己对风险有更全面的认知,可以做出更好的决定,但事实上,更多的信息只能增加决策的信心,而不能增加决策的准确性。

例如原油宝背后的交易规则和产品设计等信息,客户看似可以通过合同和App介绍而获得大量信息,但其实并不能理解条款背后代表的风险。

市场因素也是导致家庭财富管理风险不适配的另一原因。

根据高金—嘉信联合发布的财富健康报告显示,地产的配置在家庭资产配置中的比例一直居高不下,并且配置意愿和实际配置比例逐年增加。在2018年,36%的受访人群倾向于投资金融产品而非房地产,该比例在2019年降至9%。此外,倾向于投资房地产而非金融产品的比例从2018年的19%上升至2019年的27%,增长8%。

房产在过去十年给人们带来了收益"既高又稳的思维惯性"。导致人们忽略房产市场的变化和逐渐积聚的风险。人们的喜好也催生了市场的过度火热,不断提供房产产品以供客户选择。

与房产相比,其他金融产品的供给和选择似乎并不太多。曾经火热一时的"余额宝"收益重回2%时代,也逐渐失去对客户的吸引力。这时候市场供应像"原油宝""钱端"这样的产品,客户出于迫切的配置需求很难识别风险,更不用说考虑风险的适配性。

应该如何做到家庭财富管理的风险适配

要防范"原油宝"类似的事件再次发生,做好家庭财富管理的风险适配,投资者本身、金融机构和监管都应该做点什么?

家庭内部如何做到风险适配?

首先,我们应该提高自身的风险认知能力,关注风险本身而不是金融机构的金字招牌。

行为金融学的理论告诉我们人的理性是有限的,人们对于风险的认知会受经验等因素的影响。因此,教育和经验可以影响对风险认知的程度。

其中,风险案例实际也是有效经验来源。银行爆出的每一个雷,都是一场生动的风险教学案例。有助于我们不断打破对"大"金融机构盲目的信任和金字招牌爱屋及乌的迷思。

类似的案例有很多，近期有"原油宝"事件，之前有"钱端"事件，而再之前还有某银行理财产品将管理资金投向非法集资的互联网金融平台"E租宝"的母公司。

我们不能做到完全识别风险，但我们可以尝试提升金融素养，一方面只考虑那些能够认识的风险，投我们可以识别风险的产品，不在自己能力范围内的坚决不投。另一方面努力去了解和掌握其他风险，提升自己的风险认知能力，增加延展投资范围的可能性。

其次，我们要关注财务规划的重要性。根据家庭生命周期理论设定家庭不同阶段的理财目标，配合目前家庭财务情况，设定可投资资金的金额和期限，选择一次性投资或定投的投资方式。

有了良好的财务规划，各项资金的使用时间和风险要求就有了一个明确的标准。例如退休阶段的家庭因为目标是稳健养老，因此我们大概率不会将可投资资产放在期货之类的高风险产品中。

由于30岁家庭与60岁家庭的家庭财富配置的需求显然不同，因此风险能力和态度也会随家庭情况的变化而不断变化。生育、置业、失业、退休等重大事件也会影响家庭对于风险的态度，因此家庭财富管理风险的适配是动态变化的。

但对可投资金额有良好的控制至少保证了投资不影响家庭的正常生活运营和基础开支，对各项投资工具的报酬与风险特性有一定的认识，就可以更好地把家庭财富管理需求和相应的工具相匹配，提升风险的适配性。

再次，提升资产配置的意识，将资产分配在不同风险但相关性较低的投资工具上来分散风险。在同样的财务规划框架下，在选择产品的时候也可以通过不同的机构和不同的工具来实现"不将鸡蛋放进同一个篮子里"。

金融机构和监管角度如何确保风险适配

对监管而言，一方面应该加强对金融机构在投资者适当性方面的要求。2020年4月17日出台的《证券基金投资咨询业务管理办法（征求意见稿）》第18条加强了对投资者适当性义务的要求也增加了对普通投资者的保护，明确了证券基金投资咨询机构应当充分了解客户，对客户进行分类，并对所提供的证券基金投资咨询服务实施风险评级、分类管理,遵循风险匹配的原则,充分揭示风险,向客户提供符合其风险识别能力和承受能力的证券基金投资咨询服务。

另一方面,可以参考海外的一些做法,通过监管机构与非营利机构协作,加强投资者教育,提高金融素养教育的普及程度。

尽管目前证监会和交易所都有投资者教育的相关内容,但实际操作主要还是下放到金融机构尤其是销售端,由于实际操作中的利益冲突,未必能使投资者教育起到应有的作用。

在海外,以美国为例,其设有专门的金融教育办公室和金融基础知识教育委员会,且美国证券交易委员会与证券交易所也会提供大量的投资者基本知识和投资者权益保护指南,并在各地举办投资者见面会与投资者直接沟通。美国消费者协会、投资人协会也会开设相关的公益课程或免费咨询等。另外,美国也把基本金融知识教育纳入中小学的教育中。

对金融机构而言,一方面,如监管所要求的那样,需要对投资者的适当性进行严格的把控,对风险要进行充分的提示。否则不仅仅给客户带来损失也给自己带来无穷的后患。无论是"原油宝"还是"钱端",都将使银行深陷声誉和司法诉讼的漩涡。

另一方面,金融机构在产品设计和风险把控上也需要给予更多的关注和保持更加慎重的态度。在销售和宣传的过程中,更要注重与客户风险承受能力的实质匹配,推荐产品有合理依据,切实承担尽职义务而非流于形式的风险告知。

从银行代销产品违约探究如何控制居民理财风险

银行理财产品出现亏损"不保本"的事件，警示银行机构应梳理产品销售流程和风险控制手段，同时更启示居民提升自己的风险意识，了解自己的风险偏好，对风险的存在有所准备。

2020 年，债市经历调整，多家银行理财子公司产品均出现不同程度的净值回撤，拉开了银行理财产品亏损连连的序幕。比如 2020 年 10 月，"鹏华聚鑫 1 号—25 号资管计划产品"在连续两次分配延期后，已全线违约，25 只固收产品总规模或超 40 亿元，资金缺口或超 20 亿元。

据报道，聚鑫系列产品正式违约后，代销银行紧急拿出一份兑付方案，承诺今年 10 月 20 日兑付本金的 50%，另外 48% 的本金转为本行理财，2% 本金作为该理财的收益，1 年后到期兑付。

虽然理财产品"暴雷"已经不再新鲜，这个新闻还是在一定程度上刷新了大众的认知。站在居民理财的角度，其中有几点信息尤其值得关注。

银行代销产品违约事件隐藏的信息

第一，以往我们听到的"暴雷"多发生在以高额收益吸引投资人的产品中，例如一些高风险的 P2P 项目和股权投资项目。而这次聚鑫系列产品 4.1% 的收益比大额存单高不了多少。但就是这样收益不出众、起点还高的产品出了问题。而且相比之前其他银行爆出的债券产品小幅浮亏的情况，这次的违约还是在兑付阶段出现近 40% 的实际亏损，难免让人感到有些无所适从。

第二，公众至今仍无法确认已违约的聚鑫系列产品底层资产到底是哪些标的，以及为何固定收益类产品会出现如此大的亏损。面对投资人的诸多质询，无论是资产管理人还是代销银行对此均"守口如瓶"。

第三，出面提出兑付方案的不是管理人，而是作为"代销方"的银行。这就很微妙了，为什么一个代销机构要主动为产品的风险买单呢？

　　第四，由于代销银行的一力承担，银行刚性兑付的堤坝并没有被打破。2019年引起广泛关注的"钱端App"事件在2020年上半年也迎来了重大的进展。通过地方资产管理公司的接盘，投资人本金得以保全。

　　风波看似以银行对违约资管产品的紧急和解告终，但鹏华聚鑫系列产品究竟有哪些底层资产、又是哪些标的出现兑付难题？最终资产管理人和代销银行也没有披露详细的信息。

低收益不代表零风险

　　沿着以上几个问题，我们可以分析一下此次事件对居民理财有什么启示。

　　这不是我们见到的第一个理财产品违约，但为什么这次引起了大家的广泛关注呢？

　　很大一部分原因是我们刚才提到的，这次违约的产品收益并不高。人们会有一个深深的疑问，不是说高风险高收益，低风险低收益吗？在这个疑问面前，我们的常规认知被打破了，很容易对其他收益不高的产品也产生不安全感。

　　一般来说，风险与收益是对等的，但是凡事皆有例外。有时候高风险对应低收益，低收益不一定就代表低风险或零风险。如果数据量够大的话，我们也一定会看到在低收益产品中出现的风险案例。只是相对高收益的产品，它出现的概率低，而不是没有。

　　很多个人投资者可能有这样的直观感觉：股票市场是高风险低收益的典型案例，因为投资一些高风险的股票往往得到了低回报或者负回报，这个感觉和投资者个人的能力也是相关的。但从资产层面而言，风险与收益应该是正相关的，为获取每一份超额收益我们都面临着相对应的风险。"天下没有免费的午餐"，这是我们投资理财应当奉行的核心原则。

　　为有效应对理财中可能出现的风险，我们首先需要提升自己的风险意识，了解自己的风险偏好，对风险的存在有所准备。

　　很多时候，由于金融素养不足，我们对风险和收益的关系的认知可能出现偏差。高金与嘉信理财联合发布的《2019新富人群财富健康指数》中提到这样一个现象：中国新富人群大多认为自己风险偏好不高，投资偏保守，但是实际投资行为中却常常投资和购买了较高风险的产品，主客观情况并不匹配。修正这种偏差，需要投资者不断提升金融知识的储备，从而能够对自己的风险能力和风险态度具有理性的认知，并能正确地评估投资中底层资产的真实风险。

风险无法避免但可以控制

我们必须对金融风险形成正确的认知——风险没办法消灭，只能控制。

相对而言，我们往往会更关注高收益产品的风险，而忽略了低收益产品的风险，这本身就是隐形的风险因素。至少在"刚性兑付"打破之后，投资市场上并不存在真正可以"闭眼买"的理财产品。

我们可以尝试着去识别风险，正确地认识它，识别它，而后控制它。

以这次银行代销产品的违约为例，该产品具有以下几方面的风险因素：第一，这不是银行自己的产品，是代销。这意味着银行可以不对产品本身的运营结果负责，可以不用为此品牌背书；第二，底层资产是什么，合同上也没有，理财经理也说不清；第三，这是滚动发行的产品。底层不清楚，又是滚动发行，是不是有点像"以新还旧""削峰填谷"的资金池？

若投资者在购买产品时就能关注到以上这些风险因素，就可以转而购买其他信息更清楚的产品来控制风险。

别指望总有人"兜底"

目前我国资管市场处于打破刚兑进程的复杂阶段，投资者需要更加谨慎。

在这个事件中我们可以看到，后续是代销银行拿出了方案，客户基本上只损失了期望收益，但有望拿回本金，实际上刚兑还是没有打破。

按照资管新规的精神，刚性兑付是要被打破的，期限错配的产品是要被杜绝的。刚兑的打破虽然有漫长的路要走，但方向并没有改变。

2020 年 7 月 31 日，中国人民银行公布资管新规过渡期安排。由于新冠疫情对宏观经济和金融市场带来的冲击，金融机构资产管理业务规范转型面临较大压力。央行决定延长资管过渡期安排直至 2021 年年底，给予银行更多的时间来妥善处理类似于聚鑫系列的产品，但刚兑被打破也只是早晚的问题。

在真正打破刚兑之前，资本更加雄厚的大机构可能比小机构有更强的兜底能力。在需要为过错和品牌买单的时候，这类机构也无疑更加具备条件和实力。

但是即便在大银行购买理财产品,投资者也需要知道低风险不是没风险,认真看清产品的要素,购买产品时要求将推荐承诺落于纸上而不是听理财经理的口头承诺,做与自己风险承受能力匹配的决定。

"雪球"类产品受吹捧，真的适合普通个人投资者吗

对于"雪球"类高度专业化的金融产品，投资者必须对其挂钩标的具有一定的了解，理性判断市场走势，同时理清自身风险承受能力，确认是否能够应对购买雪球产品所可能承担的资金损失。

2021年上半年，市场上有一款叫做"雪球"类的结构化金融产品广受关注。"雪球"类产品在中国证券业协会的统计口径中属于场外期权衍生品。据业内人士介绍，符合一定的准入门槛，目前市场上普通个人投资者能够买到的场外衍生品就只有"雪球"类产品。

如今，各大资产管理机构都上架了"雪球"类产品。这类产品在理论上可以大概率实现稳定回报，因而被很多机构视为可以实现固定收益的产品而向普通（但合格）的个人投资者进行销售。但是，"雪球"类的结构化金融产品真的如销售时候所描述，是一款优秀的实现固定收益的产品吗？

"雪球"类金融产品的本质

"雪球"类产品在发行的时候一般与某一个指数挂钩，然后根据这个指数的市场表现分段计算固定收益。以市场上正在发行的某款产品为例，该产品挂钩了中证500指数，产品续存期限为2年。

产品设定了每日观测80%指数价格的敲入界限（Knocked-in）（敲入的含义可以理解为客户卖出了一个看跌期权，但是看跌期权是以100%指数价格卖出的，实际上已经产生了20%的浮亏）和月末观测103%指数价格的敲出界限（Knocked-out）（敲出的含义就是客户在103%的指数价格对于看跌期权进行了行权），同时设立了年化15.5%的敲出票息。这样的产品设计会有以下几种市场走势发生：

（1）当指数的价格在80%～103%的幅度内运行，投资者自然可以获得年化15.5%的预期收益。

（2）当月末观测的时候，如果指数的价格超过了103%（敲出之前的指数价格可以低于80%），该合约立即终止，投资者可以按照合约的存续时间获得年化15.5%的预期收益。

（3）当指数低于80%合约发生敲入，但是最终指数没有发生敲出（即没有超过103%）的时候，投资者按照最终的指数价格结算，即拿回指数价格对应的本金，但是没有年化15.5%的预期收益。

可以发现，投资者买入"雪球"类产品并获得预期的年化收益需要满足一定的前提条件。而在其他时间段，投资者并不能保证收益。

通过对于"雪球"类结构化产品的未来市场走势分析，我们发现买入"雪球"类结构化产品实际上是在一定跌幅保护下卖出看跌期权的交易策略。卖出一份看跌期权，投资者承担的是向上有限的预期收益和向下本金大幅度亏损的潜在风险。

在2015年和2018年的股灾之中，都有"雪球"类产品亏损的记录。甚至早在2008年金融危机的时候，海外私人银行将类似的敲出折扣累计类期权（Knocked-out Discount Accumulator）卖给国内私人银行客户。该产品和"雪球"类产品的业务本质相同，但国内"雪球"类产品存在100%保证金防止客户倒欠金融机构本金，而该产品则并没有这类保护机制。由于股票下跌，执行卖出期权行为的客户损失惨重，爆出了内地商人倒欠银行9 000万港元、女富豪巨额亏损12亿元人民币的新闻。新加坡金融管理局曾在2010年对10家售卖相关结构票据的金融机构采取处罚措施，对投资者做出的赔偿总额达1.05亿新元。

"雪球"类金融产品的交易相关方

目前资本市场上的"雪球"类金融产品的相关参与方如下：券商出于自身业务需要而买入指数或者相关资产的看跌期权，需要在金融市场寻找愿意卖出看跌期权的对手方。相应的资产管理机构作为销售渠道，便设计了"雪球"这样的结构化产品对外销售。投资者通过资产管理机构买入"雪球"类产品，实际上相当于对于券商发行了看跌期权。

在传统的金融市场，发行看跌期权的行为是不需要存入100%自有资金的,卖方存入一定比例的资金作为保证金即可。然而申购"雪球"类产品却需要提供与指数相关的等量金额人民币。一方面,这相当于通过 100%保证金的形式发行看跌期权,防止投资者发生爆仓风险;另一方面,这等于投资者在发行看跌期权的同时,还出借给了资产管理机构一笔相应金额的人民币,让券商从投资者手中募集到了资金。

综上所述,可以看出"雪球"类金融产品是一个高度专业化的金融产品。市场参与者需要具备相应的专业知识,熟悉结构化产品背后所隐含的风险,并非拥有一定规模的金融资产,有一定金融产品交易经验的投资者就可以驾驭的。但很多时候,资产管理机构在发行该类产品的时候主要是向客户描述该产品有一个比较稳定的预期固定收益,但是存在小概率的资产下跌风险。由于历史上指数大幅度下跌的概率较低,所以近似认为这是一个传统固定收益类产品的替代方案。在客户准入的时候,虽然会说明这是一个风险评级较高的产品,但是更多的时候资产管理机构在销售该产品的时候无意中淡化风险,更加注重强调预期的固定收益。

投资者和"雪球"类结构化产品的适配性

当机构把"雪球"类结构化产品作为实现固定收益的产品向投资者销售,这就产生一个问题:这些产品设定了一定的准入门槛要求,但真的就适合普通个人投资者入场吗?

如果在金融市场单纯地卖出看跌期权,谁最有可能是相关的参与方? 应该是拥有相应股票的投资者。他们认为这只股票在未来的一段时间内价格不会大幅度下跌,通过卖出期权的方式可以获得一定的收益,而手中相应的股票可以确保当股票上涨的时候,他还能够获得股票上涨的回报。但是当股票大幅度下跌的时候,卖出看跌期权的投资者需要承担期权被行权而被迫低价卖出股票的风险。这个角色需要非常专业的知识作保障,所以往往卖出期权方都是像银行这样的机构。

对于买入了"雪球"类产品的投资者来说,他们是否拥有这样的参与前提条件? 如果已经拥有了相应的股票资产对冲,那么买入"雪球"类产品是无可厚非的;如果没有相应的底层资产对冲,参与"雪球"类产品的时候,指数价格上涨收益便无法实现,这在交易结构上是不完整的。最重要的是,投资者是否具备判断未来股票不会大跌的能力? 从历史的数据来看恐怕不然。那么由此引出的问题是,投资者从机构手上购买复杂的结构化产品,这样的行为是否与其风险承受能力以及投资预期相匹配? 反过来,机构的销售行为能否通过适配检验?

机构以预期固定收益的角度进行产品销售时,忽略了一旦在高位买入雪球类产品而指数无法涨到发行价格的103%,投资者是无法获得固定收益的。根据历史数据复盘,在前一个阶段性高点买入指数之后,往往需要超过一年以上的时间股指才会回到原来的高位。在这种情况下,投资者高位买入的雪球类产品很可能无法实现预期收益。如果投资者能够充分理解这一市场信息,为何不能在更低的市场价格下进行参与呢?

市场数据显示,2020年下半年以来,"雪球"类金融产品密集发行。近期股票市场的大幅度波动已经导致部分产品发生了敲入行为。一旦股票市场无法回暖并反弹,投资者可能就需要承担相应产品的指数折价风险,无法实现预期的固定收益。

所以说,个人投资者不能因为结构化金融产品过往发生风险的概率低,便认为这是一款风险可控的金融产品。相反,"雪球"类结构化产品并非是一款可以"实现固定收益"这一投资目标的产品。

造成这种错误观点的主要有以下几方面的原因:一是投资者专业性不足,不具备分辨能力;二是部分投资者过分关注收益而忽视了风险。此外,我们在市场上还发现这样一种现象:许多投资者的风险承受能力与其实际投资行为的风险程度并不匹配。上海高级金融学院与美国嘉信理财联合发布的《2019年新富人群财富健康指数》的调研显示:65%的新富人群认为自己是保守型或稳健型的投资者,但他们和自认为是冒险型或激进型的投资者在投资行为和资产组合上并没有明显的差别。

因此,机构在销售"雪球"类金融产品的时候不应该过度强调预期收益,并因为过往发生风险的低概率而将其包装成一款无风险的金融产品。投资者如果出于对金融机构的信赖而并非对产品有真正的了解买入相关产品,一旦市场价格大幅度震荡,便会蒙受损失。

第九章
金融素养和投资者保护

在中国经济实现飞速发展，居民家庭财富稳步积累的当下，日趋成熟的金融市场上也涌现出更多样化的投资选择。随着越来越多的人成为自己和家庭财富管理的第一责任人，能否准确识别金融风险、理性选择投资方向将直接影响个人财富安全和健康，金融素养由此成为财富管理之路上的重要课题。

2023 年，国家对于金融监管机构职能进行了重大调整，设立国家金融监督管理总局统一负责除证券业之外的金融业监管。金融监管局同时接管中国人民银行有关金融消费者保护职责和证监会的投资者保护职责，统筹负责与普通居民息息相关的金融消费者权益保护。这个监管政策上的调整也印证着金融消费者保护、金融素养提升的重视程度在大大提高。那么我们做好提升金融素养的准备了吗？一起来看看吧。

盯紧你的钱袋子，提升金融素养正当时

在金融市场日益复杂的时代，提升金融素养变得至关重要。这篇文章将与大家探讨一些与金融素养相关的话题，包括其定义、重要性以及如何更有效地提升广大居民的金融素养。

2020 年 9 月 9 日，上海证券交易所联合多家证券公司，与包括上海交通大学上海高级金融学院在内的 5 所院校签署了三方合作备忘录，共同推动投资者教育纳入国民教育体系工作。这则新闻关注的人可能不多，但它代表的意义却很重要。说明投资者教育和金融素养教育正在逐渐被"看见"和推动。

这几年，这个话题屡屡被提及。

远的不说，就说今年以来，股市行情稍微好点，各种股市诈骗就开始浮出水面。最近媒体披露了一种套路，通过打电话推荐股票，邀请加入炒股群，然后群里的"大师"就会推荐大家去买某一只股票，言称有内幕消息可以赚 30% 或者更多。可是当股民听话买进去，往往就是主力资金出逃之时，股民成为接盘侠，不得不承受大幅亏损。

这种套路并不新鲜，但为什么屡试不爽呢？

一部分原因，是股市的赚钱效应使得许多人过度关注一夜暴富的机会；另一部分原因，是上当的人仍然缺乏足够的金融素养，缺乏对金融产品风险的认知。金融投资最基本的原理是，天上不会掉馅饼。当有陌生人拉你进入微信炒股群，把肯定能赚大钱的机会和你分享——具备金融素养的你，应该有充分的理由相信这可能就是一个"杀猪盘"。

虽然市场上金融相关的网络课程、普及视频和文章等资源越来越多地吸引大众的注意力，普通居民的金融素养提升依然是漫漫长路。为此，我们希望通过这篇文章与大家探讨一些与金融素养相关的话题，包括其定义、重要性以及如何更有效地提升广大居民的金融素养。

什么是金融素养

说起金融素养，可能许多人还比较陌生。经济合作与发展组织（OECD）对其给出了较为官方和学术性的定义：金融素养是对有关金融的概念、风险、技能、动机的知识和理解，以及运用这些理解做出有效金融决策、改善个人和社会的金融福祉以及参与经济生活的信心。

从微观层面而言，金融素养即个人所具备的金融知识以及做出正确财务选择的能力。

根据美国联邦金融扫盲和教育委员会的描述，具备金融素养，意味着理解以下几个层面的内容：

（1）赚多少钱，包括薪水、福利和预扣税。

（2）如何储蓄和投资，包括建立应急基金，以及为实现短期和长期目标预留资金。

（3）如何通过购买保险和避免欺诈来保护自己的资金。

（4）如何通过制定预算和货比三家做到理性购物。

（5）如何以尽可能低的利率融资，并养成按期还款的习惯，以保持良好信誉。

这几点基本包含了普通家庭的大部分金融活动。它们看似普通，却可以帮助我们节省生活中的开支，并降低蒙受经济损失的可能性。而实现以上几点，都可以通过财务规划来完成。因此，居民拥有较高的金融素养的一大体现，正是能否结合自己的个人及家庭情况，做出合理的财务规划并严格执行。

为什么金融素养如此重要

中国中产人群的金融素养，目前处于什么样的状况呢？

嘉信理财和上海高级金融学院联合发布的《2019年新富人群财富健康指数》提到，连续三年的调研均发现，金融素养是影响中国新富人群财务满意度的重要因素之一，但其较高的财务信心却并没有得到相应的金融素养的支撑。比如说，二三线城市的新富人群相对于一线城市的新富人群反映出更高的财务信心，但是他们的财务规划得分以及金融服务和金融产品的使用频率却远低于一线城市的新富人群。这说明金融素养并不是他们财务信心的主要来源。

无论是文章开始提到的荐股诈骗"杀猪盘",还是《新富人群财富健康指数》报告都表明,我国中产居民的金融素养整体水平还有待提升。这一点,在我们的日常生活中也反复被验证。例如,由于对金融产品的特性以及自身风险承受能力缺乏了解,人们往往会在认为自己风险偏好较低的同时反复踩雷 P2P 这样看似高收益的高风险产品。

那么,提升金融素养对于我们而言有哪些重要作用?

首先,具备一定的金融素养可以帮助我们了解金钱的价值,以便我们更好地规划消费。金融知识能教会我们预算和储蓄的重要性,从而帮助我们更好地理解自身的"需要"和"想要",根据对不同商品的需求及其功能、价格等特性进行优先排序,避免浪费钱购买非常昂贵的奢侈品或不需要的东西,陷入消费主义的陷阱。

其次,提升金融素养可以使我们免于承担过多的债务。美国西北互助银行(Northwestern Mutual)发布的报告显示,有 40% 的美国人将其月收入的一半用于偿还债务。如果我们对金融有所认知,就可以对自己的支付能力和偿还能力有所判断,并理解偿还负债所花费的时间和经济成本将如何影响自己未来的投资能力。这些知识都将有助于我们合理使用杠杆,而不至于陷入资不抵债的困境。

再者,提高金融素养可以让我们在日常生活中做好经济储备,更好地应对突发状况。例如,我们常常看到微信朋友圈里转发的重病求助众筹项目,其中部分来自没有支付能力的贫困家庭,也有部分来自中产家庭。出现这种困境的原因,是突如其来的重大疾病打破了家庭的收支平衡,导致家庭只能向外寻求经济帮助。若我们能提升对金融的认知,便能在日常生活中定期对未来的收支进行规划,预先考虑到无法预测的突发事件,做好经济储备。就上述事例而言,通过购买保险,将疾病带来的财务风险转嫁给保险公司,即可避免在面对重大疾病时向社会众筹。

此外,金融素养还能启发和帮助我们增加被动收入。对于家庭投资而言,无论是股票、基金还是信托、房产,都具有一定的专业性。良好的金融素养能使我们更好地了解风险和收益的关系,并对这些金融产品有更为全面的认知,从而在进行投资前调整自己的心理预期，识别隐性成本，防范规避风险。

事实上，提升金融素养已然成为时代的需求。社会发展的趋势让金融素养变得越来越重要。

一方面，社会老龄化的问题逐渐出现，而过往养老金全部由社会福利承担的状况也会逐渐改变。养老金替代率不足，势必需要我们自己准备补充养老金。这需要广大居民提前为退休生活做好财务规划。

另一方面，随着金融市场逐渐复杂化，金融产品推陈出新，消费者需要在不同选项中进行选择，面临日益增长的决策压力。而技术的不断革新所带来的瞬息万变的金融环境也增加了财务规划的执行难度。

因此，我们不得不进一步思考，如何提升金融素养以更好地管理自己的财富呢？

如何提升金融素养

提升金融素养当然不是一朝一夕的事情，包括美国在内的发达国家也存在金融素养欠缺的问题。

Career Builder 作为北美最大的招聘网站运营商，在 2017 年做过一项调研。研究显示，75%的受访者，完全依靠薪水生活；而超过四分之一的受访者，没有任何积蓄也没有储蓄的习惯；更有超过四分之三的受访者，认为自己负债累累，并且可能一辈子都有负债。

与此同时，美国国家金融教育者理事会（NFEC）报告称，仅有不到一半（48%）的参与者能够通过全国金融能力测试，而普通测试者的答题正确率仅为63%。该测试由 30 个问题组成，内容涉及预算、支付账单、设定财务目标等。

与这个数据产生鲜明对比的是，美国许多年轻人通过高中的个人理财课程提高了理财能力。研究机构 Ramsey Solutions Research 对 76 000 多名参加了个人理财课程的美国学生进行了调查，其中许多结果与 NFEC 报告形成了鲜明对比。例如，修读个人理财课程的学生对主要理财主题都具有高度了解，包括：信用卡和借记卡之间的差异（86%）、如何缴纳所得税（87%）、家庭，汽车和人寿保险的工作方式（90%）、学生贷款的运作方式（94%）、401（k）是什么以及它如何工作（79%）等。

由此可见,教育是最好的提升金融素养的方法。如今,美国许多高中和大学都开设了针对理财和金融知识的普及性课程,以提高学生的基础金融认知,改善金融素养。就如我们文章开头所提到的新闻所说,目前国内有许多大学也开始参与到投资者教育和金融素养教育的事业当中。

国家的高度重视对于国民金融素养提升也至关重要。2003 年,美国政府设立联邦金融扫盲和教育委员会,以推进国民金融素养的提升。2004 年,美国参议院通过决议,将每年 4 月定为"金融扫盲月",以"提高公众对美国金融教育的重要性以及因缺乏教育而可能造成的严重后果的认识和对个人理财的了解",从立法层面确定了金融素养和金融教育的重要性。

目前,我国政府对金融素养的重视程度也在不断提升。中国人民银行每年会发布消费者金融素养调查简要报告,对中国消费者的金融素养状况进行跟踪和统计。虽然仍有许多加强和改善的空间,但该举措表明政府已将目光落到了这个领域。我们有理由期待未来更多相关政策和促进措施的落地。

此外,各类金融机构和专业机构的参与也非常有助于国民金融素养的提升。例如,美国注册会计师协会(AICPA)推出了"360 度金融素养计划"等公共教育和服务项目。许多银行、理财机构和公益组织也通过投资者教育活动为人们普及金融知识。这些服务为人们获取金融知识和金融援助提供便利,从而为其提升金融素养提供必要帮助。

随着中国金融领域的不断发展,国民金融素养的提升迫在眉睫。从国家层面重视金融素养提升、引导和增加金融普及教育课程的设立、鼓励专业机构的参与,都可以帮助我国居民更快更好地提升金融素养,使之与我国的经济发展和居民的财富积累程度相匹配。

财商教育是新的财富密码吗

近年来，随着居民理财需求的骤然升温，各类"理财训练营""小白投资课"频繁在社交媒体出现。财商教育，究竟是金融知识普及，还是新的财富密码？

2021年下半年，国家网信办启动清朗·商业网站平台和"自媒体"违规采编发布财经类信息专项整治，将聚焦4类网上传播主体，重点打击8大违规问题。"财商课"也在此次重点违规问题之列。国家网信办指出，重点打击的8类违规问题中，包括炒作社会恶性事件、负面极端事件，煽动悲情、焦虑、恐慌等情绪，借以推销所谓"财商课"、各类保险产品等。

近两年，许多人应该在自媒体平台上都收到过各种各样教你实现财富自由的免费课、限价课的推荐。免费和超低价的背后，大多是付费课和保险产品的销售嫁接。花钱买课、学习更多的财务金融知识，听起来是很不错的投资者教育，那为什么会被整治和打击呢？被当作新财富密码的财商教育，又存在什么问题呢？

首先，可以确定的是，投资者教育的市场越来越大，需求越来越明确。

上海高级金融学院和嘉信理财（高金—嘉信）联合发布的《2021年中国新富人群财富健康指数》报告中发现，相比金融产品，新富人群在社交媒体上对那些有助于提升整体理财意识的信息更为关注。在社交媒体上有关投资理财的各类信息中，2020年有76.5%的新富人群表示最为关注理财产品信息，而2021年则有64.6%的受访者选择了投资者教育类的信息。

可见，财商教育的需求是十分广泛存在的，而新富人群在知识付费领域本身也具有相应的消费能力和学习基础，财商教育行业应运而生。

其次，投资者教育行业也存在乱象丛生的现状。具体而言：

（1）数量剧增。借着互联网教育的东风，大大小小的财商教育平台，如雨后春笋般一夜之间遍地开花。有统计数据称，截至2021年上半年，全国范围内财商培训相关的平台高达数千个之多，而真正注册为教育培训业务的不足 1%。

（2）口碑负面。黑猫投诉 App 上，关于某头部财商教育公司"理财课"的投诉就逾千条，主要集中于"虚假宣传""课程内容假大空""诱导消费""退款难"等问题。"快速实现财务自由的方法！普通人也可以做到""基金半年赚 10 万，做好这 4 点你也可以"，这些耸动的标题，许多人都在各种推送中见过。很多小白，奔着"轻松实现财务自由"的目标，试听了免费课或低价课，发现都是极为常识性的内容，想要学更多就需要报更高级别的课程，收费也就更加高昂。当你掏了钱却发现并不能实现财务自由的时候，退款又是一大难题。

（3）无资质经营。许多财商教育平台不仅销售课程，还通过课程诱导学员购买保险，或是推荐股票基金。而这些注册为咨询、零售和教育类服务的平台，根本没有保险、证券咨询、基金销售等金融业务资质的相关牌照，甚至大多数平台连培训资质也没有。

而在打击以投资者教育为名疯狂敛财的机构的同时，我们更应该讨论的，是如何更有效地满足日益壮大的新富人群的财商教育需求，以及怎样正确推进财商教育或者说投资者教育。

高金—嘉信的报告中也提到一个信息：64.6% 的受访者称，他们会从社交媒体上获取投资者教育类的信息，77.7% 的受访者则更青睐权威金融机构发布的文章。与其说受访者更青睐权威金融机构发布的文章，不如说受访者更需要权威金融机构发布的正确的信息。缺乏权威、统一的投资者教育信息出口，就给了市场良莠不齐的"财商培训机构"以空间。

而要实现投资者教育信息的统一性和权威性，则需要一个复杂而立体的系统。或许美国的经验可以提供一定的借鉴。

1994 年，美国证券交易委员会（SEC）设立投资者教育及协助中心，协调并直接进行全国范围内的投资者教育活动。SEC 在投资者教育活动中不带有任何利益色彩，纯粹以维护投资者权益为导向。例如，他们印发了大量涉及投资知识、权益保护等方面的书面资料，基本涵盖投资者关心的所有问题，种类达38 种之多，供投资者免费获取浏览。SEC 投资者教育及协助中心还在官方网站上为投资者提供了"投资知识工具箱"，其中包含投资理财策略、投资顾问选择、自身权益保护、投资产品介绍等内容。投资者对此反应非常热烈，每个星期都会有两千多名投资者下载这些资料。

　　除此之外，SEC还推出以下措施，多管齐下提升投资者教育。

　　第一，提倡和鼓励信息披露内容的通俗化。从1996年开始，SEC要求上市公司在编制招股说明书或其他披露资料时使用简单、日常的英语，避免法律或技术性的专业词汇，并尽量使用简洁的句子结构。投资者对SEC的这项措施非常欢迎。

　　第二，与其他政府机构、消费者组织、行业协会等合作举办活动。例如，发起"储蓄与投资基本知识宣传"。以"了解事实，这是你的钱，这是你的未来"为宣传口号，该活动在全国范围内通过讲座、论坛等形式向大众宣传投资理财的知识与技能。

　　第三，鼓励金融从业人员在日常生活中向各界普及金融知识。纽约证券交易所与大学开展积极合作，通过互联网讲座等形式，针对教师、新闻工作者、大学生等开展投资者教育活动，并向投资者发放投资宣传手册，向大众介绍投资基本知识。纳斯达克证券交易所则举办了投资模拟游戏、编制针对中小学教师的投资教材。许多金融中介机构也开展一对一咨询或面向社会大众的投资者教育活动，通过免费寄送投资宣传册、举办各种免费的学习班、开设专门网站等方式进行投资者教育。

　　第四，由SEC投资者教育及援助办公室在美国各个地区举办投资者见面会。时任主席经常参加投资者见面会，向投资者介绍SEC保护投资者权益的职能、投资者如何自我保护、网上交易的风险及防范、投资的基本理念等内容。投资者可以就自己对证券市场各种问题的看法与主席进行交流，提出建议和意见。这种方式极大地拉近了投资者与监管机构之间的距离，在投资者中反响热烈。

　　从国外的经验可以看到，建立一个以监管下辖的部门为中心，调动金融中介、教育、消费者保护机构、其他相关部门资源配合的投资者教育体系是必要且可行的。想要一举解决投资者教育市场的乱象显然不可能，但统一的监管和立体全面的投资者教育配套必将帮助更好地实现投资者教育的规范化。

金融监管大变革将如何提升金融消费者的安全感

国家金融监督管理总局的组建,构成了"一行一局一会"的新监管格局。本文将从金融消费者角度,展望此次变革将为金融消费者保护和金融消费者教育带来怎样的影响。

2023年3月,我国金融监管部门迎来了巨大变革。其中最引人关注的莫过于组建国务院直属机构——国家金融监督管理总局(下称"金融监管总局"),统一负责除证券业之外的金融业监管。金融监管总局同时接管中国人民银行有关金融消费者保护职责和证监会的投资者保护职责,统筹负责与普通居民息息相关的金融消费者权益保护。

从2003年至2018年,我国的监管格局一直是"一行三会"的分业监管格局。但随着金融行业的快速发展,创新产品不断涌现,包括商业银行在内的多数金融机构都往综合化、多元化方向发展,不同行业间的业务界限逐渐模糊。如银行业务就存在大量的银保、银信、银证等包含多个金融合约的结构性产品,涉及银行、保险、信托、证券等若干经营要素。

"一站式"的金融产品服务对居民消费者而言更加便利,例如消费者能够在银行买保险、基金、信托,在券商买私募、公募基金。但是理财投资对于金融消费者而言是否就变得更容易了?事实上,产品更丰富,市场也就更复杂了,不仅对金融消费者本身,也对金融机构、监管部门都提出了更高的要求。

第一个问题是金融消费者保护。

生活中,"银行存单变保单""保本理财不保本""听了机构的推荐买股票,结果遇见杀猪盘",诸如此类涉及一个或多个机构的问题,何处维权、如何维权?维权过程中,遇见了黑中介、恶意代理反而受骗怎么办?大多数居民不仅很难厘清保护自己权利的渠道和手段,甚至很多人连金融消费维权中的不同监管部门都没有搞清楚。

比如说,在上海高级金融学院和嘉信理财2023年发布的《中国居民金融素养报告》中有一个令人意外的数字，对于"公募基金产品的监管机构是哪一个？"这一问题，仅有 35.8% 的受访者能正确选择证监会，近三分之一的受访者选择了银保监会，剩余则选择了人行或直接表示不知道。可见大部分消费者不了解金融产品对应的监管机构，一定程度上导致了消费者在权益受侵害时不知道如何求助而遭遇维权困境。

基于金融生活的复杂化，金融监管也在随市场而变。2018 年，银监会和保监会合并成立银保监会，确立了"一行两会"的监管格局。2020 年银保监会、人民银行先后出台了《银行业保险业消费投诉处理管理办法》《中国人民银行金融消费者权益保护实施办法》，解决了一部分金融消费中的交叉问题。但也可以看到，金融消费者权益保护职责仍然分散在人行、银保监会和证监会，标准难以统一、执行难以协同。与此同时，由于监管分散，金融市场中的许多新问题，如 P2P 网络借贷、数字货币、供应链金融、消费金融等创新服务无从监管，既不利于行业发展也使得消费者求助无门。

另一个突出问题是金融消费者教育的统筹实施问题。

在我国，过去人行、银保监会和证监会各自主导监管范围内的相关金融消费者教育工作。没有统一管理的部门，自然很难统筹整个金融领域的素养教育。国民金融素养水平的整体评估、标准制定、教育工作部署、教育活动实施都存在难以协调的问题。

早在 2013 年，人行、证监会、原银监会和原保监会就共同设计了《中国金融教育国家战略（初稿）》并提交给二十国集团（G20）领导人，但因职权分散，该战略至今未能形成终稿落地。尽管之后人行也曾于 2017 年、2019 年和 2021 年进行消费者金融素养调研，限于职责和业务范围，调研内容多集中于与银行业务相关的货币、信贷、银行保险范畴，未能提出具有针对性的金融教育政策和措施。

而为了防范金融风险、维护市场稳定，集中保护金融消费者权益、加强居民金融素养教育早已成为各国完善金融市场体系的重要课题。

以美国为例，全球金融危机爆发后，美国于 2010 年颁发了《多德—弗兰克华尔街改革和消费者保护法》，对美国的金融监管体制做了全面的改革，并依此成立了金融消费者保护特别机构——美国金融消费者保护局（CFPB）。CFPB

的监管目标主要是通过执行联邦消费者金融法律,确保金融消费者能够及时、清晰地获取相关信息,并提供公正、透明的市场环境。

在消费者金融投诉处理方面,消费者可以通过网络、电话、邮寄和传真等方式向直接 CFPB 提交投诉,CFPB 根据投诉内容分派给各金融公司,公司将处理结果在线上报后交由消费者确认反馈,如有异议则由 CFPB 介入并开启调查程序。基于其接受的大量消费者投诉案例,CFPB 在官网上创新性地建立了开放给公众的投诉信息数据库,目前数据库中的案例已多达将近 190 万条。金融机构可以通过查询同类投诉的解决方案,快速处理消费者投诉,并改善现有服务流程;消费者则可以通过搜索过往案例,了解同类案件处理结果,提出合理诉求,避免遭受不公平待遇。

在金融素养教育方面,CFPB 每年发布《金融素养年度报告》,详细介绍金融素养战略和活动,为各类金融教育活动提供了整体框架。除此之外,CFPB 通过推出在线教育工具"Ask CFPB"、发放纸质和电子出版物、设计针对具体金钱问题的"how-to"指南等方式,帮助居民获取专业金融信息,提高金融能力,做出理性决策。

由此可见,建立统一的消费者保护机构,优化纠纷处理流程、普及金融教育,是许多国家在金融快速发展的背景下保护金融消费者权益的途径。

因此,组建金融监管总局,收拢金融消费者权益保护职责,无疑是提升了对金融机构监管和金融消费者保护的重要性和优先级,在金融消费者权益纠纷处理和素养教育上提供了更清晰的监管路径和更广阔的制度空间。有利于保护金融消费者和合法金融机构,维护金融稳定,同时也为日后统筹金融素养教育工作搭建了良好的平台基础。

而对于金融消费者来说,与金融消费相关监管都集中在了一起,一方面在面临金融纠纷时有了统一的维权路径。另一方面也将有机会获得更多全面、专业的金融普及教育,提升自身抵御金融风险的能力。

道阻且长,行则将至。此次金融监管机构变革在提升金融消费者保护地位上迈出了坚实一步,期待将来引导更多力量和资源汇集,共同推动金融消费者权益保护机制的不断完善。